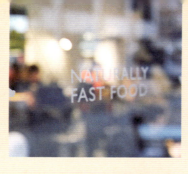

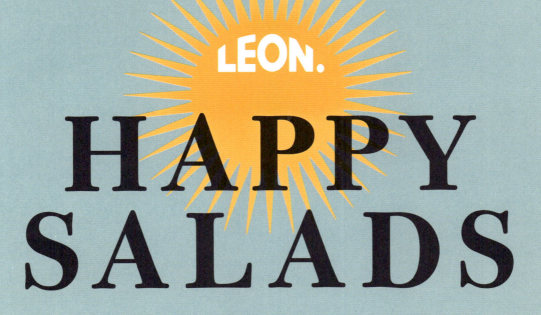

HAPPY SALADS

....

DOOR JANE BAXTER & JOHN VINCENT

....

Veltman Uitgevers

INHOUD

INLEIDING	4
KLASSIEKERS	8
NATUURLIJK EN SNEL	42
LUNCHTROMMEL	82
VOOR VRIENDEN	124
VOOR FAMILIE	170
KROKANTE EXTRAATJES	214
DRESSINGS	216
REGISTER	220
DANKWOORD	224

INLEIDING

Dit boek hebben we met heel veel plezier geschreven. We begonnen Leon om goed eten voor iedereen mogelijk te maken door natuurlijk fastfood te leveren en onze recepten en ideeën te delen via boeken als dit.

LEON STOELT OP VIJF 'PRINCIPES':

1.
HET ETEN MOET HEERLIJK SMAKEN.

2.
HET MOET ZEER GOED VOOR U ZIJN.

3.
U MOET ZICH NA AFLOOP GOED VOELEN.

4.
HET MOET DE PLANEET SPAREN.

5.
HET MOET BETAALBAAR ZIJN.

Salades zijn een geweldige manier om hieraan te voldoen. We zien groenten lekker klaarmaken als een van onze belangrijkste taken.

De recepten in dit boek zijn zo samengesteld dat ze goed zijn voor u én onze planeet. Ons lichaam heeft behoeften (nee, niet die) en het grote lichaam aarde heeft die ook, maar die worden soms ernstig verwaarloosd. Groenten komen tegemoet aan beide.

NET ALS KINDEREN ZIJN GROENTEN ONZE TOEKOMST.

Groenten leveren ons natuurlijke energie. Ze bevatten de vezels, antioxidanten en andere voedingsstoffen die we nodig hebben, en maken en houden onze darmen gezond. En de olijfolie die u over uw salade sprenkelt, voorziet u van het gezonde vet dat u nodig heeft om goed te functioneren en u goed te voelen, ongeacht uw metabolisme.

Waarom 'happy salads'? Omdat deze salades er happy uitzien. Omdat ze staan voor vrolijke gelegenheden. Omdat u er dol op zult zijn. Omdat u zich naderhand goed zult voelen, gezond en energiek als u ze vaak eet. Wij worden er blij van, en u waarschijnlijk ook.

We wilden een saladekookboek maken dat u zou meenemen naar een onbewoond eiland. Het enige wat u ooit nodig zult hebben. Elk recept op zich is een hoofdgerecht. Klassiekers. Leon-klassiekers. En een heleboel splinternieuwe.

HET BOEK

HET BOEK BESTAAT UIT VIJF DELEN.

1. KLASSIEKERS: dit zijn salades die u kent, lekker vindt en altijd al heeft willen maken. In deze Leon-versie zijn het geen strikte klassiekers, maar ze zullen u beslist nostalgisch maken en u zult ze niet kunnen weerstaan.

2. NATUURLIJK EN SNEL: de salades in dit deel vergen maximaal 20 minuten bereidingstijd. Of u ze nu snel maakt of op uw gemak, ze smaken fantastisch en verzadigen goed.

3. LUNCHTROMMEL: deze recepten zijn voor één persoon en bedoeld om er rustig van te genieten. Hoog tijd dat u uw lunchpauze terugpakt. Deze salades kunt u prima de avond tevoren voorbereiden en dan vlak voor u gaat eten aanmaken.

4. VOEDSEL VOOR VRIENDEN: deze recepten zien we als gerechten voor een etentje. Het zijn bijzondere salades, waarvan iedereen zegt: 'Hoe heb je dat voor elkaar gekregen?' Het geheim? Ze zijn niet echt moeilijk om te maken, u heeft er alleen een paar speciale ingrediënten voor nodig.

5. VOEDSEL VOOR FAMILIE: dit zijn gerechten voor 's avonds met het gezin, een uitgebreide lunch of een picknick. Grote salades die iedereen lust.

ZO MAAKT U DE LEKKERSTE SALADES: SMAAK, TEXTUUR EN STRUCTUUR

Door de vele mogelijke ingrediënten en talloze manieren van serveren (warm, koud, in een pot of aan een spies) zijn salades ideaal om te experimenteren en creatief te zijn. De eerste salade die opdook na even zoeken op Pinterest was een Snickersappelsalade met karamel. Hieruit blijkt wel dat een salade is wat ú ervan maakt. Houd bij het samenstellen van een salade wel de volgende drie punten in gedachten.

SMAAK: wat u ook bereidt, de smaken moeten goed in balans zijn, en dat geldt zeker voor salades. Het is belangrijk dat u tijdens de bereiding uw dressing en ingrediënten proeft. Uw instinct zal u zeggen wat goed is en of u meer smaakgevers moet toevoegen.

TEXTUUR: het is cruciaal de salade te zien als een geheel. Probeer verschillende texturen op te nemen, van krokant tot glad.

STRUCTUUR: gebruikt u verschillende gare groenten in uw salade, probeer dan te variëren met de bereidingstechnieken. Combineer bijvoorbeeld gegrilde, geroosterde, gestoomde en rauwe groenten. Denk ook na over de presentatie (we eten allemaal met onze ogen) en de snijtechnieken die u toepast; die kunnen het aanzicht van een salade verfraaien.

> **DIT ZIJN DE ENIGE SALADERECEPTEN DIE U HOEFT TE KENNEN. ZE ZIJN VOOR MENSEN DIE AL HOUDEN VAN SALADES EN VOOR MENSEN DIE DAT SNEL GAAN DOEN.**

VOORRAADKAST VOOR SALADES

Alles wat u nodig heeft om een basissalade wat extra's te geven.

AZIJN

- RODEWIJNAZIJN
- BALSAMICOAZIJN
- GEWONE WITTEWIJNAZIJN
- SPECIALE WIJNAZIJNEN, ZOALS CHAMPAGNE- EN MOSCATELAZIJN
- RIJSTWIJNAZIJN
- CIDERAZIJN
- SHERRYAZIJN

OLIËN

- OLIJFOLIE: MILDE EN GOEDE EXTRA VERGINE
- WALNOOTOLIE
- KOOLZAADOLIE
- ZONNEBLOEMOLIE
- DRUIVENPITOLIE
- KOKOSOLIE
- SESAMOLIE

TYPISCH AZIATISCH

- MIRIN
- TAMARINDEPASTA
- GEDROOGDE GARNALEN
- WASABIPASTA
- VISSAUS
- KETJAP MANIS
- KOKOSMELK
- WAKAME/GEDROOGD ZEEWIER
- PALMSUIKER
- TAMARI/SOJASAUS
- GEDROOGD KOKOS
- GARNALENPASTA/TRASSI
- IKAN BILIS

NOTEN EN ZADEN

- WALNOTEN
- (GEROOKTE) AMANDELEN
- HAZELNOTEN
- PINDA'S
- PISTACHENOTEN
- POMPOENPITTEN
- GOUDEN LIJNZAAD
- ZONNEBLOEMPITTEN
- SESAMZAAD: ZWART EN WIT

ZOETE DINGEN

- ROZIJNEN
- GEDROOGDE ABRIKOZEN
- GEDROOGDE CRANBERRY'S
- GEDROOGDE PEREN
- GEDROOGDE VIJGEN
- BRUINE BASTERDSUIKER
- VLOEIBARE HONING
- AHORNSIROOP
- DADELSIROOP
- GRANAATAPPELSIROOP

GRANEN

- ZWARTE RIJST
- ZILVERVLIESJASMIJNRIJST
- LANGKORRELIGE RIJST
- FARRO
- FREGOLA
- BULGUR
- QUINOA
- ORZO
- DITALINI
- RIJSTNOEDELS
- ZWARTERIJST-/SOBANOEDELS
- GRIESMEEL
- ISRAËLISCHE COUSCOUS/MAFTOUL
- FREEKEH

PEULVRUCHTEN

- ZWARTE BONEN
- BORLOTTIBONEN
- WITTE BONEN
- CANNELLINIBONEN
- PUY- OF CASTELLUCIO-LINZEN

DIEPVRIES

- PDOPERWTEN
- TUINBONEN
- EDAMAME
- SUIKERMAIS

SPECERIJEN

CAYENNEPEPER
SUMAK
VENKELZAAD
PIMENT
NOOTMUSKAAT
KANEEL
OREGANO
SAFFRAAN
(GEMALEN) KOMIJN
(GEMALEN) KORIANDER
MILD EN GEROOKTE-PAPRIKAPOEDER

OVERIGE

TONIJN IN BLIK
GEZOUTEN KAPPERTJES
ANSJOVIS
MOSTERD: DIJON-, GROVE EN ENGELSE
ENGELSE-MOSTERDPOEDER
MIERIKSWORTELPASTA
WORCESTERSAUS
TOMATENKETCHUP
TABASCO/CHILISAUS
AUGURKEN
CHIPOTLESAUS
PIQUILLOPEPERS
ZWARTE/GROENE OLIJVEN
MAISTORTILLA'S

VOORBEREIDING

SLA WASSEN EN DROGEN — Al koopt u 'gewassen' sla, het loont altijd de moeite hem nog eens af te spoelen. Was vrij kleine bladeren voorzichtig in een gootsteen met koud water. Keer ze en leg ze in een vergiet. Slinger ze in porties (anders kneust u het blad) in een slacentrifuge. Als het blad nog nat is, hecht de dressing er niet aan.

GEBRUIK HET JUISTE GEREI — Iedere bouwer moet goed gereedschap hebben en dat geldt ook voor een sla-architect: essentieel zijn een (echt) scherp mes, een goede dunschiller, een vijzel en stamper en een stoompan. Daarnaast zijn een spiralizer (spiraalsnijder), keukenmachine of staafmixer en mandoline handig om snel salades te kunnen maken.

BORD/KOM OPMAKEN — Wrijf de slakom in met een teentje knoflook en wat olijfolie en strooi er flink wat zout en peper over voor u de slabladeren erin legt om ze aan te maken. Dit bepaalt in hoge mate de kwaliteit van de salade.

HUSSELEN — Gebruik uw handen. Mensen zijn minder robuust dan slabestek en zo voelt u of er droge plekken zijn waar geen dressing zit. Serveer liever niet met uw handen.

IETS OVER DRESSINGS
In dit boek worden voor de dressings hoeveelheden vermeld, maar voeg een dressing bij voorkeur beetje bij beetje toe en kijk hoeveel u nodig heeft. Maak een salade met teer blad zoals veldsla, frisee en rucola pas op het allerlaatst aan met een kleine hoeveelheid dressing. Steviger groenten zoals (boeren)kool kunt u gerust eerder aanmaken. Geroosterde wortelgroenten en andere gekookte of gebakken ingrediënten smaken lekkerder als u ze door de dressing schept terwijl ze nog warm zijn.

KLASSIEKERS

NIÇOISE

VOOR 2 PERSONEN
VOORBEREIDING: 15 MIN. • BEREIDING: 15 MIN.
TV • GV • ZV

Een echte klassieker uit Nice.

- 100 g **nieuwe aardappels**, gekookt en gehalveerd
- 150 g **sperziebonen**, gekookt
- 2 **gekookte eieren**, in partjes
- 6 **cherrytomaten**, gehalveerd
- ¼ **komkommer**, geschild, ontdaan van zaad en in blokjes
- 1 **sjalot**, in ringetjes
- 50 g **tonijn uit blik**, in stukken
- 10 **zwarte olijven**, liefst niçoise
- 2 **radijsjes**, in plakjes
- een paar **basilicumblaadjes**, voor erbij
- **zout** en **versgemalen zwarte peper**

DRESSING:
- sap van 2 **tomaten**, gezeefd
- 3 el **olijfolie**
- 1 el **rodewijnazijn**
- 1 tl **kappertjes**
- 2 **ansjovisfilets**
- ½ teentje **knoflook**, gekneusd
- 4 **basilicumblaadjes**

Maal voor de dressing alle ingrediënten in een keukenmachine of met een staafmixer. Eventueel kunt u ze ook stampen in een vijzel. Breng op smaak met zout en peper.

Hussel de aardappels en sperziebonen in een grote kom door de helft van de dressing. Voeg zout en peper toe en schep dan de overige ingrediënten erdoor. Schik de salade op een schaal. Sprenkel de rest van de dressing erover en bestrooi met de grof gehakte basilicumblaadjes.

TIP
Wij vinden 6-7 minuten de ideale kooktijd voor 2 eieren.

LYONNAISE

VOOR 2 PERSONEN
VOORBEREIDING: 5 MIN. • BEREIDING: 8 MIN.
TV • GV • ZV (alleen **GV** zonder croutons)

1 el **olijfolie**
100 g **ontbijtspek** of **pancetta**, in plakjes
1 el **rodewijnazijn**
1 **sjalot**, gesnipperd
1 tl **dijonmosterd**
2 el **extra vergine olijfolie**
scheutje **(wittewijn- of mout)azijn**
2 **eieren**
100 g **frisee** of **krulandijvie**
croutons (naar keuze, zie blz. 214)

Deze salade komt oorspronkelijk uit Lyon, niet van Leon.

Verhit de olijfolie in een koekenpan en bak het spek in enkele minuten lichtbruin en krokant. Schep het met een schuimspaan uit de pan en laat het uitlekken op keukenpapier. Doe de azijn in de pan, schraap met een houten lepel de aanbaksels los en voeg dan de sjalot en mosterd toe. Roer goed en klop van het vuur af de extra vergine olijfolie erdoor om de dressing af te maken.

Breng in een pan water met de azijn zachtjes aan de kook. Breek de eieren erin en pocheer ze circa 3 minuten op laag vuur, tot het eiwit is gestold. Schep ze met een schuimspaan uit de pan en laat ze uitlekken op keukenpapier. Of kook de eieren zacht en pel ze.

Hussel de frisee en het spek door de dressing zodat alles er goed mee is bedekt. Verdeel de salade over twee borden en leg op elke portie een gepocheerd ei.

Voeg croutons toe als u wat meer bite wilt en niet allergisch bent voor gluten of tarwe.

\\\\ TIP ////

Om eieren te pocheren breekt u ze in kleine ramekins. Laat die langzaam in pruttelend water zakken dat u eerst krachtig heeft geklopt.

KLASSIEKERS

GARNALENCOCKTAIL

VOOR 2 PERSONEN
VOORBEREIDING: 15 MIN.
TV · GV · ZV (alleen **GV** zonder worcestersaus)

3-4 **takjes waterkers**
1 **kropje little gem**, gescheurd
½ grote **avocado**, in blokjes
¼ **komkommer**, geschild en in blokjes
4 **lente-uien**, gehakt
2 el **citroensap**
2 tl gehakt **bieslook** en gehakte **dille**
150-200 g **gekookte grote garnalen**, gepeld
1 **radijsje**, in dunne pakjes en dan in flinterdunne reepjes
zout en **cayennepeper**

DRESSING:
2 el **volle mayonaise**
1 tl **tomatenketchup**
een paar druppels **chilisaus** of **tabasco**
een dop vol **cognac**
mierikswortel- of **worcestersaus**, naar smaak (naar keuze)
zout en **versgemalen zwarte peper**

Samen met discomuziek helemaal jaren 70. Ideaal voor familiebijeenkomsten (met oma!) of een jaren-70-etentje.

Leg de ingrediënten in laagjes op de borden. Eerst waterkers, dan little gem, avocado, komkommer en lente-ui. Sprenkel het citroensap erover, bestrooi met de helft van de kruiden en breng op smaak met zout en cayennepeper.

Leg de garnalen bovenop en bestrooi die met wat zout en cayennepeper.

Roer de ingrediënten voor de dressing door elkaar en sprenkel die over de salade en de garnalen. Eindig met de rest van de kruiden en de radijs.

TIP
U kunt naar smaak mierikswortel- of worcestersaus toevoegen. Jane houdt van pittig, dus gebruikt zij beide voor een flinke boost.

KLASSIEKERS

DE ORIGINELE SUPERFOODSALADE

VOOR 2 PERSONEN
VOORBEREIDING: 10 MIN. • BEREIDING: 5 MIN.
TV • GV • V

⅔ stronk **broccoli**, in hapklare roosjes, stengels geschild en in plakjes
120 g **diepvriesdoperwten**, ontdooid
¼ **komkommer**, in dunne staafjes
100 g goede **feta**, verkruimeld
½ **avocado**, in stukjes
100 g **gekookte quinoa**, afgekoeld
kleine handvol **bladpeterselie**, grof gehakt
kleine handvol **munt**, grof gehakt
2 el **Leons geroosterde zaden** (zie blz. 215)
3 el **Franse vinaigrette** (zie blz. 216)

Deze oergezonde salade staat al sinds onze opening in 2004 op de kaart. Het is echt de originele versie; toen we hem vooraf googelden, bleek hij nog niet te bestaan. In de loop der jaren zijn we sterk veranderd en gegroeid, maar iedere Leon-discipel houdt deze salade erin.

Breng in een afgedekte pan een laagje water van 2 cm met een snufje zout aan de kook. Leg de broccoli erin en dek de pan weer af. Giet de broccoli na 3 minuten af en spoel hem dan onder de koude kraan zodat de groente afkoelt en mooi groen blijft.

Bouw nu de salade op in laagjes: broccoli, erwten, komkommer, feta, avocado, quinoa en tot slot de kruiden en zaden. Maak de salade vlak voor het serveren aan.

TIP
Wij gebruiken geen alfalfa meer, maar die is heerlijk om erover te strooien.

FATTOUSH

VOOR 2 PERSONEN
VOORBEREIDING: 15 MIN. • BEREIDING: 5 MIN.
DF • V • VE

1 klein **pitabrood**
2 el **olijfolie**
snuf **sumak**
1 krop **little gem**, gehakt
½ **komkommer**, ontdaan van zaad, grof geschild en in blokjes van 1-2 cm
2 **pruimtomaten**, ontdaan van zaad en in blokjes
4 **lente-uien**, gehakt
2 **radijsjes**, gehakt
1 el gehakte **bladpeterselie**
1 el gehakte **munt**
zout en **versgemalen zwarte peper**

DRESSING:
2 el **citroensap**
3 el **olijfolie**
snuf **sumak**
snuf **piment**
snuf **kaneel**
zout en **versgemalen zwarte peper**

Deze Midden-Oosterse broodsalade is kleurrijk, fris en een beetje knapperig. Het was een van Johns favorieten toen die vlak bij Edgware Road woonde. Voedzaam zonder dik te maken.

Rooster het pitabrood tot het net bruin is. Verhit de olie in een kleine koekenpan. Snijd het brood in stukjes van grofweg 2 cm, bestuif ze met de sumak en bak ze al omscheppend 2-3 minuten in de olie, tot ze krokant zijn.

Meng de rest van de salade-ingrediënten in een grote kom en voeg flink wat zout en peper toe.

Klop de ingrediënten voor de dressing door elkaar en breng op smaak met zout en peper.

Hussel vlak voor u serveert de salade door de dressing en schep de stukjes pita erdoor.

TIP
Deze salade is ook lekker met andere groenten, zoals geblancheerde tuinbonen en geschaafde venkel, met wat geroosterde komijn in de dressing.

GRIEKS

VOOR 2 PERSONEN
VOORBEREIDING: 20 MIN. • BEREIDING: 5 MIN.
V (controleer of de feta vegetarisch is)

½ **komkommer**, geschild en in plakjes
½ **rode ui**, in ringen
6 **cherrytomaten**, gehalveerd
½ **groene paprika**, ontdaan van zaad en zaadlijsten, in reepjes
1 el gehakte **bladpeterselie**
12 **zwarte olijven**
100 g **feta**
2 el **patentbloem**
1 **ei**, losgeklopt
2 el **panko**
3 el **olijfolie**

DRESSING:
3 el **olijfolie**
1 el **rodewijnazijn**
1 teentje **knoflook**, gekneusd
snuf **gedroogde oregano**

Voor dit recept hebben we de feta eens gebakken. De combinatie van warme zachte kaas en de krokante salade is een heldendicht van Homerus waardig, maar anders dan de klassieke Griekse salade. Gaat u liever voor traditie, snijd de kaas dan boven de aangemaakte salade. Opgedragen aan Yiannis, Johns goede vriend in Meganisi.

Klop alle ingrediënten voor de dressing door elkaar.

Bereid de groenten voor en zet ze opzij.

Snijd de feta in twee stukken. Doop ze eerst in de bloem, dan in het ei en tot slot in de panko. Bak ze enkele minuten in de hete olie op halfhoog vuur tot het korstje flink bruin is. Schep ze dan uit de pan en laat ze uitlekken op keukenpapier.

Maak de salade aan met de dressing en schik hem op een serveerschaal. Leg de gebakken kaas erop.

> **\ \ \ \ TIP / / / /**
>
> In plaats van feta kunt u ook geroosterd halloumikruim (zie blz. 215) over de salade strooien.

KLASSIEKERS

TABBOULEH

VOOR 2 PERSONEN
VOORBEREIDING: 20 MIN. (plus weken)
ZV · V · VE

50 g **bulgur**
50 g **bladpeterselie**, gehakt
20 g **munt**, gehakt
100 g **tomaten**, ontdaan van zaad en in blokjes
6 **lente-uien**, gehakt
2 el **citroensap**
3 el **olijfolie**
snuf **piment**
snuf **sumak**
zout en **versgemalen zwarte peper**

In Libanon, waar deze salade vandaan komt, wordt elk jaar op de eerste zaterdag van juli de Nationale Tabboulehdag gevierd. Het is een van de populairste gerechten in het Midden-Oosten, en ook bij ons thuis.

Doe de bulgur in een kom en schenk er 1 dl kokend water op. Dek de kom strak af met plasticfolie, laat hem 30 minuten staan (of tot het graan is geweld), haal de folie weg en laat de bulgur afkoelen.

Schep de geweekte bulgur in een grote kom en voeg de rest van de ingrediënten toe. Meng goed en voeg naar smaak zout en peper toe.

TIP
John maakt dit met quinoa als hij geen zin heeft in gluten.

WALDORF

VOOR 2 PERSONEN
VOORBEREIDING: 10 MIN. • BEREIDING: 10 MIN.
TV • GV • ZV • V

50 g **stukjes walnoot**
flinke snuf **cayennepeper**
1 tl **olijfolie**
2 **stengels bleekselderij**, overlangs gehalveerd en in blokjes
1 grote **rode appel**, in blokjes
20 **druiven zonder pit**, gehalveerd
4 **lente-uien**, gehakt
1 el gehakt **bieslook**
1 el gehakte **dragon**
1 el **volle mayonaise**
2 el **citroensap**
blad van 1 krop **little gem**
zout en **versgemalen zwarte peper**

Anders dan die ene aflevering van **Fawlty Towers** *suggereert, is het niet moeilijk de ingrediënten hiervoor te vinden, samen te stellen en te serveren. U hoeft echt niet naar een chic hotel in NYC te gaan om van een waldorfsalade te kunnen genieten, al zal dat vast helpen.*

Verwarm de oven voor op 150 °C.

Verdeel de stukjes walnoot over een bakplaat en bestrooi ze met de cayennepeper en zout naar smaak. Sprenkel de olijfolie erover. Wrijf dit in de noten en bak die 10 minuten in de oven. Laat afkoelen.

Snijd alle vruchten en groenten in grofweg even grote stukken. Hussel ze in een grote kom door de kruiden, mayonaise, het citroensap en de afgekoelde noten. Breng op smaak met flink wat zout en peper.

Schep de salade op de little-gembladeren en serveer.

TIP

Deze salade kunt u aanmaken met een lichtere kruidendressing of met yoghurt in plaats van mayonaise als u zuivel niet hoeft te mijden.

KLASSIEKERS

SOM TAM

VOOR 2 PERSONEN
VOORBEREIDING: 20 MIN.
TV · GV · ZV

1 teentje **knoflook**
2 kleine **Thaise rode chilipepers**, gehakt
1 el **gedroogde garnalen**
1 el **palmsuiker** of **bruine basterdsuiker**
sap van 1 **limoen**
1 el **vissaus**
½ **groene papaja** of **onrijpe mango**, geschild en gescheurd (of geraspt)
1 **wortel**, geschrapt en geraspt
3 **cherrytomaten**, in vieren
50 g **sperziebonen**, in stukjes van 2 cm
2 el geroosterde **pinda's**, gehakt
¼ krop **ijsbergsla**, gehakt

Dit recept gebruikt onrijpe papaja. Kunt u die niet krijgen, neem dan onrijpe mango of een combinatie van in dunne reepjes gescheurde witte kool en rettich. Onrijp fruit geeft zowel geur als textuur. Iets om echt eens te proberen.

Stamp de knoflook met de chilipepers en gedroogde garnalen in een vijzel tot een pasta.

Voeg de suiker, het limoensap en de vissaus toe en meng goed. Het geheim van deze dressing is een goede balans tussen deze drie ingrediënten. Blijf proeven tijdens het stampen en voeg naar smaak meer toe van elk.

Hussel in een grote kom alle overige ingrediënten door deze dressing, behalve de ijsbergsla.

Schik de sla op een serveerschaal en schep de aangemaakte ingrediënten erop.

MELOEN MET RUCOLA

VOOR 2 PERSONEN
VOORBEREIDING: 5 MIN.
TV · GV · ZV

½ **kanteloep**
4-6 plakjes **prosciutto**
handvol **rucola**
olijfolie
ongekookte jonge doperwten of **tuinbonen** (naar keuze)

Dit is de perfecte combinatie van zout, peperachtig en fris.

Schil de meloen en schaaf het vruchtvlees met een dunschiller in smalle repen. Scheur de prosciutto in repen en schik ze op een serveerschaal met de meloen. Hussel voorzichtig de rucola erdoor.

Serveer de salade besprenkeld met olijfolie en desgewenst bestrooid met doperwten of tuinbonen.

\\\\ TIP ////
Voor een traditionelere versie serveert u de meloen in partjes.

KLASSIEKERS

RUSSISCH

VOOR 2 PERSONEN
VOORBEREIDING: 15 MIN. • BEREIDING: 25 MIN.
TV • GV • ZV • V (alleen zonder ansjovis)

100 g **verse** of **diepvriesdoperwten**
100 g **wortels**, geschrapt
150 g **vastkokende aardappels**, geschild
½ **rode ui**, gesnipperd
1 el **rodewijnazijn**
1 el grof gehakte **bladpeterselie**
1 el grof gehakte **dragon**
100 g **mayonaise**
1 el **kleine kappertjes**
extra vergine olijfolie
2 stronkjes **witlof** (naar keuze)
8 **ansjovisfilets** (naar keuze)
zout en **versgemalen zwarte peper**

Dit recept komt van Jane's vriend Sylvain, oprichter en kok van Root Camp UK, een kookcursus voor 14- tot 21-jarigen. Ze leerden dit recept aan tieners, die zich zo verschillende snijtechnieken eigen maken.

Kook de doperwten in circa 1 minuut gaar in kokend water. Schep ze eruit en laat ze afkoelen. Doe de wortels en aardappels met 1 theelepel zout in hetzelfde water en kook ze 15-25 minuten, tot de groenten zacht beginnen te worden.

Snijd de wortels en aardappels in blokjes van 1 cm. Doe ze in een grote mengkom en voeg de rode ui, erwten, azijn en kruiden toe.

Voeg de mayonaise, kappertjes en een flinke scheut olijfolie toe. Schep alle ingrediënten voorzichtig door elkaar, zonder de aardappelblokjes kapot te maken. Breng op smaak met flink wat zout en peper.

Schep voor u serveert de salade midden op een grote schaal en leg er blaadjes witlof omheen. Leg desgewenst op elk blad een ansjovisfilet.

MARCELLA'S RIJSTSALADE

VOOR 2 PERSONEN
VOORBEREIDING: 10 MIN. • BEREIDING: 30 MIN.
TV • GV • ZV • V • VE

50 g **rozijnen**

125 g **zilvervliesjasmijnrijst** of **gemengde zilvervliesrijst**

50 g **gedroogde vijgen**, gehakt

50 g hele **blanke amandelen**, geroosterd

2 el gehakte **koriander**

2 el gehakte **munt**

1 tl **granaatappelsiroop**

snuf **cayennepeper**

2 el **olijfolie**, voor erbij

flinke snuf **sumak**, voor erbij

pitten van ½ **granaatappel**, voor erbij

zout en **versgemalen zwarte peper**

John at dit op Ibiza en vond het heerlijk.

Wel de rozijnen in heet water.

Kook de rijst in circa 30 minuten net zacht in 2,5 dl zachtjes kokend water, of volgens de aanwijzingen op de verpakking. Giet de rijst goed af en laat hem afkoelen.

Meng de rijst in een grote kom met de rest van de ingrediënten, inclusief de uitgelekte rozijnen. Breng op smaak met flink wat zout en peper en serveer de salade besprenkeld met olie en bestrooid met de sumak en granaatappelpitten.

\\\\ **TIP** ////

Ander gedroogd fruit, zoals abrikozen of dadels, is ook lekker in deze salade.

KLASSIEKERS

CAESARSALADE

VOOR 2 PERSONEN
VOORBEREIDING: 10 MIN.

1 grote of 2 kleine kroppen **romaine**
2-3 el **caesardressing** (zie blz. 219)
handvol **croutons** (zie blz. 214)
2 el geraspte **parmezaan**
1 el gehakt **bieslook**

Dit is de favoriete salade geworden van Natasha en Eleanor (Johns dochters) en wordt nu vooral gegeten op zaterdagavond voor de buis. Als u de sla serveert in parten, ziet hij er mooier uit en heeft hij een heerlijke bite.

Snijd de sla in dikke parten en sprenkel de dressing erover. Bestrooi de parten met de croutons, parmezaan en het bieslook.

TIP
Voeg naar keuze gegrilde kip, garnalen, shiitakes of een paar gepocheerde eieren toe, waar u maar zin in heeft.

COBBSALADE

VOOR 2 PERSONEN
VOORBEREIDING: 20 MIN. • BEREIDING: 7 MIN.
TV • GV

60 g **ontbijtspek**, in plakjes
1 el **olijfolie**
1 **gare kipfilet**
2 **gekookte eieren**
1 **avocado**
2 **pruimtomaten**
70 g **blauwe kaas**
2 **appels**
½ krop **romaine**

DRESSING:
1 el **rodewijnazijn**
3 el **olijfolie**
1 tl **honing**
scheutje **worcestersaus**
zout en **versgemalen zwarte peper**

De enige regel bij deze salade is dat alle ingrediënten in stukjes van gelijke grootte moeten worden gesneden, zodat u hem met een lepel kunt eten. Experimenteer gerust met extra of andere ingrediënten.

Verhit de olijfolie in een koekenpan en bak het spek in enkele minuten lichtbruin en krokant. Schep het met een schuimspaan uit de pan en laat het uitlekken op keukenpapier.

Meng alle ingrediënten voor de dressing.

Snijd alle ingrediënten voor de salade in blokjes van 1-2 cm.

Hussel de romaine door wat van de dressing en schik de sla op een serveerschaal. Schep de ingrediënten in bergjes rond de sla en zet de dressing in een kommetje in het midden.

\\\\ **TIP** ////
Deze salade is ook lekker met ranchdressing (zie blz. 216).

MOZZARELLA OP DRIE MANIEREN

PERZIK EN PROSCIUTTO

VOOR 2 PERSONEN
VOORBEREIDING: 5 MIN.
BEREIDING: 5 MIN.
TV · GV

2 **perziken**
125 g **mozzarella**, in plakjes of gescheurd
70 g **rucola**
2 plakjes **prosciutto**, gescheurd

DRESSING:
1 el gescheurd **basilicum**
1 el gehakte **munt**
2 tl **balsamicoazijn**
2 el **olijfolie**
zout en **versgemalen zwarte peper**

Als de zomer een salade was, zou die er zo uitzien: fris, vrolijk en geurig. Voeg aan de ingrediënten gerust een pittig glas witte wijn toe. (Voor wie recepten letterlijk neemt: giet de wijn niet op het bord.)

Verhit een grillpan tot hij heet is. Halveer de perziken en verwijder de pit. Leg de perzikhelften op de snijkant in de hete grillpan en gril ze aan elke kant 2 minuten, tot er geblakerde strepen ontstaan. Neem ze eruit en zet opzij. Meng alle ingrediënten voor de dressing. Snijd de perziken in stukken en schik die op een serveerschaal met de mozzarella, rucola en prosciutto. Sprenkel de dressing erover.

VENKEL, DRAGON EN BOTTARGA

VOOR 2 PERSONEN
VOORBEREIDING: 10 MIN.
TV · GV · V (zonder bottarga)

2 **stengels bleekselderij**, in dunne plakjes
1 **venkelknol**, schoongemaakt en geschaafd
1 tl **venkelzaad**, grof gemalen
2 tl **dragon**, gehakt
2 tl **gezouten kappertjes**, schoongespoeld en gehakt
2 el **olijfolie**
150 g **mozzarella**
bottarga, geraspt (naar keuze)
extra vergine olijfolie
zout en **versgemalen zwarte peper**

In de elfde eeuw zei een zekere Simon Seth dat men bottarga 'volstrekt moest mijden'. Wij zijn het daar niet mee eens. Bottarga is ook lekker op zichzelf, met alleen mozzarella.

Schik de gesneden en geschaafde groenten op een serveerschaal. Klop het venkelzaad, de dragon, kappertjes en olie door elkaar. Breng op smaak met zout en peper en sprenkel de dressing over de venkel en bleekselderij. Schik de mozzarella erop, rasp tot slot de bottarga erover (als u die gebruikt) en besprenkel met extra vergine olijfolie.

TOMAAT EN BASILICUM

VOOR 2 PERSONEN
VOORBEREIDING: 5 MIN.
TV · GV · V

200 g goede **tomaten**, ontdaan van zaad en in dunne plakjes
1 kleine **sjalot**, fijngesneden
½ teentje **knoflook**, met zout geheusd tot een pasta
basilicumblaadjes
3 el **olijfolie**
1 el **rodewijnazijn**
125 g **mozzarella**
zout

Dit Italiaanse pareltje wordt ook wel capresesalade genoemd (naar het eiland Capri, waar John ooit Kate Ferryman zoende op een schoolreis) of driekleurensalade. Volgens sommigen was het een patriottische creatie die de Italiaanse vlag voorstelde. Hoe dan ook, hij neemt u mee naar de Middellandse Zee voor minder geld dan Ryan Air en zonder vertraging.

Meng de tomaat, sjalot, knoflookpasta, het basilicumblad, de olie en azijn. Breng op smaak met zout. Leg de mozzarella erop en meng die erdoor of geef hem erbij. Eet de salade direct.

KLASSIEKERS

CLUBKLASSIEKER MET GEGRILDE KIP & CHORIZO

VOOR 2 PERSONEN
VOORBEREIDING: 10 MIN.
TV · GV

- 100 g **gemengde slabladeren** (wij gebruiken een combinatie van **spinazie**, **romaine** en **rucola**)
- 2-3 **gegrilde kippendijen**
- 100 g **diepvriesdoperwten**, ontdooid
- 100 g **gekookte quinoa**, afgekoeld
- 50 g **chorizo**, in plakjes
- 1 **piquillopeper**, in reepjes
- 1 el **aioli** of **knoflookmayo**
- 3 el **Franse vinaigrette** (zie blz. 216)

Dit is een van onze bestsellers. We serveren de clubtoppings ook op een rijstbakje; dit kunt u gemakkelijk thuis doen met wat zilvervliesrijst en onze Leons koolsla (zie blz. 194). Welkom bij de club!

Stel deze salade samen in laagjes. Begin met de slabladeren, doperwten en quinoa en leg al het overige erop.

\\\ TIP ///

Gegrilde kippendijen zijn verkrijgbaar bij sommige slagers en poeliers, maar u kunt ook de kipfilets van de kip piri piri (zie blz. 181) gebruiken.

NATUURLIJK EN SNEL

PASTINAAKSALADE

VOOR 2 PERSONEN
VOORBEREIDING: 20 MIN. • BEREIDING: 10 MIN.
TV • GV • V

3 **pastinaken**, geschild
2 el **olijfolie**
snufje **saffraan**
1 **prei**, schoongemaakt, gewassen en in dunne ringen
1 **rode appel**, ontdaan van klokhuis, gehakt
30 g **walnoten**, geroosterd en gehakt
1 el gehakt **bieslook**
50 g **waterkers**
zout en **versgemalen zwarte peper**

DRESSING:
200 g **yoghurt**
1 el **walnootolie**
2 tl **ahornsiroop**
snufje **kaneel**
snufje **komijn**
2 el **citroensap**

Een voedzame salade voor de herfstmaanden.

Schaaf de pastinaken met een dunschiller tot aan de kern in lange repen. Verhit de olie met de saffraan in een grote pan. Leg de pastinaakrepen erin en roerbak ze een paar minuten. Zet het vuur laag, dek de pan af en stoof de groente 5 minuten. Breng op smaak met zout en peper en stort de groente in een grote kom. Voeg de prei toe en meng; de prei hoeft u niet extra te koken of bakken. Laat afkoelen.

Doe de overige ingrediënten behalve de waterkers bij de pastinaak en prei.

Klop de ingrediënten voor de dressing door elkaar en schep de dressing door de salade. Voeg flink wat zout en peper toe.

Schik de waterkers op een serveerschaal en schep de salade erop.

TIP
Kunt u geen walnootolie vinden, vervang die dan door een andere notenolie.

QUINOA MET ERWTEN EN BONEN

VOOR 2 PERSONEN
VOORBEREIDING: 10 MIN.
TV · GV · ZV · V · VE

100 g **gekookte quinoa**, afgekoeld
150 g **gekookte edamame**
250 g mix van **gekookte doperwten** en kleingesneden **rauwe sugarsnaps**, **tuinbonen** en **sperziebonen**
zout en **versgemalen zwarte peper**

DRESSING:
1 teentje **knoflook**, gekneusd
1 el **wittewijnazijn**
1 tl **ahornsiroop**
3 el **olijfolie**
2 el **gemengde gehakte kruiden: dragon, bieslook, kervel** en **basilicum**

Fris en snel.

Meng de quinoa in een grote kom met de bonen en erwten en breng alles op smaak met flink wat zout en peper.

Meng de ingrediënten voor de dressing en schep die door de salade.

\\\\ **TIP** ////
U kunt deze salade ook maken met andere dressings, zoals Leons tamari-sesamdressing of de Midden-Oosterse dressing (zie blz. 216).

WATERMELOEN & FETA

VOOR 2 PERSONEN
VOORBEREIDING: 10 MIN.
TV · GV · V

400 g **watermeloen**, in stukken van 3-4 cm
2 el **gemarineerde rode uien** (zie blz. 218)
60 g **feta**, verkruimeld
2 el **geroosterde pompoenpitten**
10 **zwarte olijven**
2 el gescheurde **munt**
50 g **rucola**
zout en **versgemalen zwarte peper**
extra vergine olijfolie, voor erbij

Een rijke fruitsalade die u bij voorkeur buiten in de zon opeet, gehuld in een hawaïhemd en met een glas rosé erbij. Deze is speciaal voor Glenn, operations director bij Leon.

Schik alle ingrediënten op een serveerschaal. Strooi er flink wat zout en peper over en besprenkel de salade met olijfolie.

TIP
Rooster pompoenpitten zelf in een droge koekenpan tot ze beginnen te knappen.

NATUURLIJK EN SNEL

FAGIOLI E TONNO

VOOR 2 PERSONEN
VOORBEREIDING: 10 MIN.
TV · GV · ZV

- 250 g **cannellinibonen**, gekookt en goed uitgelekt
- 120 g **tonijn uit blik**, uitgelekt
- 1 **rode ui**, gehakt
- 2 teentjes **knoflook**, gekneusd
- 1 el **rodewijnazijn**
- 2 el **olijfolie**
- 2 el grof gehakte **bladpeterselie**, plus extra blaadjes om te garneren
- 2 **stengels bleekselderij**, fijngehakt
- **zout** en **versgemalen zwarte peper**

Dat is een tonijn-bonensalade in het Olanda's. Nogal exotisch, dus. Gekookte gedroogde bonen geven het beste resultaat, maar bij weinig tijd kunt u ook afgespoelde en uitgelekte bonen uit blik gebruiken. Lijngevangen tonijn uit blik is het meest verantwoord. Red de dolfijnen.

Meng alle ingrediënten en breng op smaak met flink wat zout en peper. Garneer de salade met extra peterselie.

\\\ TIP ///

GEDROOGDE CANNELLINIBONEN KOKEN:

- Week de bonen een nacht in ruim koud water.
- Giet ze goed af en zet ze in een pan onder schoon water. Voeg een paar hele teentjes knoflook, een takje rozemarijn en wat cherrytomaten toe.
- Breng aan de kook en kook de bonen in circa 1 uur net gaar op laag vuur. Giet ze af, voeg zout en peper toe en hussel er olijfolie door.

NOEDELSALADE MET KIP EN RIJST

VOOR 2 PERSONEN
VOORBEREIDING: 10 MIN. • BEREIDING: 5 MIN.
TV • GV • ZV

50 g **rijstnoedels**
1 **kipfilet**, gaar en in reepjes gescheurd
1 **wortel**, geraspt
6 **lente-uien**, gehakt
¼ **komkommer**, in staafjes
¼ **Chinese kool**, in reepjes gescheurd
1 el gehakte **koriander**, **munt** en **basilicum**
1 el **zwart sesamzaad**

DRESSING:
1 **rode chilipeper**, gehakt
1 teentje **knoflook**, gekneusd
2 el **limoensap**
2 el **vissaus**
2 el **koolzaadolie**
1 el **palmsuiker**

Een dressing om je vingers bij af te likken. Proef de scherpte. Deze is voor jou, Lob.

Kook de rijstnoedels volgens de aanwijzingen op de verpakking. Spoel ze af met koud water en laat ze goed uitlekken. Snijd de noedels grofweg in stukken van 4-5 cm en doe ze in een grote kom.

Doe de rest van de ingrediënten bij de noedels. Klop de ingrediënten van de dressing door elkaar en schenk hem in de kom. Hussel alles door elkaar en breng op smaak met zout en peper.

\\\\ TIP ////
U kunt naast of in plaats van de kip gebakken tofoe toevoegen. Voor een vegetarische versie vervangt u de vissaus door 1 eetlepel tamarindepasta.

TEMPÉ & GEROOSTERDE TORTILLA

VOOR 2 PERSONEN
VOORBEREIDING: 15 MIN. • BEREIDING: 10 MIN.
ZV • V • VE

1 el **kokosolie**
60 g **tempé**, gehakt
120 g **zwarte bonen**, uitgelekt
100 g **gekookte edamame**
1 **gekookte maiskolf**, korrels verwijderd
½ **avocado**, gehakt
½ **oranje** of **rode paprika**, gehakt
2 **maistortilla's**
zout en **versgemalen zwarte peper**

DRESSING:
3 el **olijfolie**
1 el **limoensap**
1 **rode chilipeper**, gehakt
1 teentje **knoflook**, gekneusd
2 el gehakte **koriander**

Tempé, gefermenteerde soja, is een voedzaam, eiwitrijk basisproduct dat goed is voor uw spijsvertering. Het neemt erg goed smaken op en vormt een welkome afwisseling als u eens iets anders wilt dan tofoe.

Verwarm de oven voor op 160 °C.

Meng in een grote kom alle ingrediënten voor de salade behalve de tortilla's.

Snijd de tortilla's in dunne repen. Rooster deze circa 10 minuten in de oven, tot ze goudbruin en krokant zijn. Haal ze uit de oven en zet opzij.

Meng, terwijl de tortilla's in de oven staan, de ingrediënten voor de dressing en hussel de salade erdoor. Breng die op smaak met zout en peper en leg de krokante tortillarepen erop.

TIP

Kook verse mais 10 minuten en snijd dan de korrels van de kolf. U kunt ook suikermais uit blik of uit de diepvries gebruiken. Voor warme tempé doet u die samen met de tortilla's in de oven.

KRAB MET RODE GRAPEFRUIT

VOOR 2 PERSONEN
VOORBEREIDING: 15 MIN.
ZV

150 g **wit krabvlees**
1 el **olijfolie**
1 el **citroensap**
cayennepeper, om op smaak te brengen
1 **rode grapefruit**, in parten
1 **avocado**, gehakt
50 g **waterkers**
1 el **gehakt bieslook**
zout en **versgemalen zwarte peper**

Dressing:
2 el **mayonaise**
4 **lente-uien**, alleen het groen, fijngehakt
1-2 cm **gemberwortel**, geschild en geraspt
1 tl **sojasaus**
1 tl **rijstazijn**

John wilde dit recept graag opdragen aan Katie, om goed te maken dat hij zijn trouwring verloor in het zandkasteel bij de Crab Shack in St Brelade's Bay, Jersey. En aan de Penny's omdat ze meehielpen met zoeken.

Breng het krabvlees op smaak met de olie, het citroensap, zout en cayennepeper.

Schik de krab samen met de andere ingrediënten voor de salade op een serveerschaal.

Meng voor de dressing de mayonaise met de lente-ui, gember, sojasaus en azijn. Breng op smaak met zout en peper en geef de dressing bij de salade.

TIP
Voeg desgewenst wat bruin krabvlees toe aan de dressing.

COURGETTI MET TRAPANESEPESTO & HARDE RICOTTA

VOOR 2 PERSONEN
VOORBEREIDING: 15 MIN. • BEREIDING: 2 MIN.
TV · GV · V

3 **courgettes**
1 el **olijfolie**
zout en **versgemalen zwarte peper**
2 el geraspte **ricotta salata**, voor erbij

PESTO:
2 teentjes **knoflook**, gekneusd
50 g **geschaafde amandelen**, geroosterd
blaadjes van een klein bosje **basilicum**
3 el **olijfolie**
200 g **tomaten**, gepeld en gehakt
2 el geraspte **pecorino**
zout en **versgemalen zwarte peper**

Dit is supergezonde pasta. De Siciliaanse pesto is te gek. Heeft u geen spiraalsnijder, gebruik dan gewoon een dunschiller.

Snijd de courgettes met een spiraalsnijder in lange repen ('courgetti'). Verwarm de olie in een grote koekenpan en hussel de courgetterepen er een minuutje door. Voeg flink wat zout en peper toe en doe ze over in een grote schaal.

Maak met een stamper en vijzel of in een keukenmachine een pasta van de knoflook, amandelen, het basilicum en de olijfolie. Voeg de gehakte tomaten toe en prak ze een beetje om ze te mengen met de pasta. Roer de pecorino erdoor en zout en peper naar smaak.

Hussel de courgetterepen door de pesto en bestrooi alles met de geraspte ricotta salata.

TIP
U kunt de ricotta salata vervangen door feta.

BRUINE GARNALEN & ROZE PEPERKORRELS

VOOR 2 PERSONEN
VOORBEREIDING: 15 MIN. (plus pekelen) • **BEREIDING: 5 MIN.**
TV · GV · ZV

¼ **komkommer**, in dunne plakjes
2 **preien**, overdwars in stukjes gesneden
100 g **bruine of grijze garnalen**
fijngeraspte **nootmuskaat**
snuf **cayennepeper**
1 **hardgekookt ei**
2 **radijsjes**, fijngehakt
1 el gehakte **dille**
2 tl **roze peperkorrels**
½ teentje **knoflook**, gekneusd
2 el **olijfolie**
1 el **citroensap**
zout

We zijn allebei dol op deze salade; we eten hem vaak en in verschillende versies. Jane gebruikt hem graag als onderdeel van een antipasti-spread. John maakte hem laatst in een nauw keukentje op een boot in Cowes; hij moest er rivierkreeft in verwerken omdat de winkels dicht waren, maar dat smaakte prima.

Bestrooi de plakjes komkommer met wat zout, meng goed en laat ze 15 minuten staan in een vergiet.

Stoom de prei in 5 minuten net gaar. Bestrooi hem met zout en laat afkoelen. Schik de gepekelde komkommer op een bord. Leg de prei en garnalen erop. Bestrooi dit royaal met nootmuskaat, cayennepeper en zout. Rasp het ei erboven en strooi de radijs en dille erover.

Stamp de peperkorrels met de knoflook in een vijzel. Voeg de olijfolie en het citroensap toe, meng goed en schenk het pepermengsel over de salade.

TIP

Roze peperkorrels zijn geen echte peperkorrels, maar gedroogde bessen met een verfijnde pepersmaak. Gebruik desnoods zwarte peperkorrels. Door komkommer te pekelen wordt hij niet zompig.

NATUURLIJK EN SNEL

SPITSKOOL, PROSCIUTTO & PARMEZAAN

VOOR 2 PERSONEN
VOORBEREIDING: 10 MIN.
TV · GV

¼ **spitskool**, in repen gescheurd
1 **venkelknol**, geschaafd
4 dunne plakjes **prosciutto**, grof geschaafd
30 g **parmezaan**, geschaafd, plus extra voor erbij
2 el goede **balsamicoazijn**
2 el **olijfolie**
zout en **versgemalen zwarte peper**

Natuurlijk fastfood op z'n best. Gewoon een kwestie van samenstellen.

Hussel in een grote kom alles door elkaar en voeg flink wat zout en peper toe.

TIP
U krijgt krokante flinterdunne venkel als u die schaaft op een mandoline en tot gebruik in ijswater legt.

GROEN, EIEREN & HAM

VOOR 2 PERSONEN
VOORBEREIDING: 15 MIN. • BEREIDING: 5 MIN.
TV • GV • ZV

200 g **knolselderij**, in dunne staafjes
1 **groene appel**, gehakt
2 el **mosterdmayonaise** (zie blz. 218)
1 el gehakte **dragon**,
    bieslook en **peterselie**
1 el gehakte **kappertjes**
1 el gehakte **augurken**
1 teentje **knoflook**, gekneusd
1 **sjalotje**, gesnipperd
circa 120 g **spek** van goede kwaliteit, grof
    gescheurd
2 **gekookte eieren**, in vieren
50 g **veldsla** of **postelein**
zout en **versgemalen zwarte peper**

U kunt ook rode appels gebruiken, alleen klinkt het zo beter.

Meng alle ingrediënten behalve het spek, de eieren en bladgroente in een grote kom en voeg flink wat zout en peper toe.

Schik ze stijlvol op een serveerschaal, samen met het spek, de gekookte eieren en veldsla.

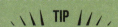

In plaats van spek kunt u ook lekkere ham gebruiken.

NATUURLIJK EN SNEL

QUINOA MET MIDDEN-OOSTERSE SPECERIJEN

VOOR 2 PERSONEN
VOORBEREIDING: 10 MIN.
TV · GV · ZV · V · VE

200 g **gekookte quinoa**, afgekoeld
1 **wortel**, geraspt
1 **avocado**, in blokjes
100 g **gekookte edamame**
2 el **pistachenoten**, gehakt
6 **gedroogde abrikozen**, gehakt
zout en **versgemalen zwarte peper**

DRESSING:
3 el **olijfolie**
1 el **granaatappelsiroop**
1 el **citroensap**
snufje **sumak**
1 el gehakte **dille** en **munt**

Een voedzame, simpele salade. Bereid een dubbele hoeveelheid om mee te nemen naar het werk en al uw collega's jaloers te maken.

Meng alle ingrediënten voor de salade in een kom.

Klop de dressing en hussel de salade erdoor. Breng die op smaak met flink wat zout en peper.

ZO KOOKT U QUINOA:
- Spoel de quinoa altijd goed af in ruim koud water en laat hem goed uitlekken.
- Laat hem circa 10 minuten drogen. Rooster hem eerst in wat olie op half-hoog vuur voor u de vloeistof toevoegt.
- Reken 1½ deel vloeistof op 1 deel quinoa. Gebruik kippen- of groentebouillon.
- Kook de quinoa 15 minuten en laat hem 10 minuten staan; roer de korrels dan los.

GEBAKKEN HALLOUMI MET AVOCADO

VOOR 2 PERSONEN
VOORBEREIDING: 15 MIN. • BEREIDING: 5 MIN.
TV · GV · V (alleen **GV** zonder pitabrood)

Over gebakken kaas hoeven we verder niets te vertellen; die vindt u hoe dan ook lekker. Serveer als salade of vul er een pitabroodje mee.

100 g **halloumi**
1 el **olijfolie**
150 g **tomaten**
1 **avocado**
2 kropjes **little gem**
2 el **hummus**
zout en **versgemalen zwarte peper**
2 **pitabroodjes**, voor erbij (naar keuze)

DRESSING:
2 el **amandelen**, geroosterd en gehakt
1 **piquillopeper**, fijngehakt
1 el **balsamicoazijn**
3 el **olijfolie**
1 el gehakt **vers bieslook**
1 tl **ahornsiroop**

Snijd de halloumi in stukjes van circa 1 cm dik. Dep ze goed droog met keukenpapier. Verhit de olie in een koekenpan met antiaanbaklaag en bak de halloumi goudbruin in 2 minuten per kant. Schep de kaas uit de pan en laat hem uitlekken op keukenpapier.

Snijd de tomaten en avocado in plakjes. Snijd de little gem in 6 parten en gril die tot ze geblakerd zijn. Klop alle ingrediënten voor de dressing door elkaar en breng op smaak met zout en peper.

Schik alle groenten op een serveerschaal en strooi er zout en peper over. Lepel er bergjes hummus op en leg de stukjes halloumi erbij. Sprenkel de dressing over de salade en serveer die naar keuze met pitabroodjes.

> **TIP**
>
> Spaanse piquillopepers zijn geweldig om in huis te hebben. Gebruik ze gehakt in salades of gepureerd door dressings geroerd.

MEENEEMMAKREEL

VOOR 2 PERSONEN
VOORBEREIDING: 15 MIN. • BEREIDING: 2 MIN.
TV · GV

¼ **spitskool**, in reepjes gescheurd
½ grote **rode biet,** geraspt
2 el **gemarineerde rode uien** (zie blz. 218)
1 el **karwijzaad**
2 el **zuurkool**
vierkant stukje **mierikswortel** van 2 cm, geraspt
1 el **zure room** (of **crème fraîche**)
150 g goede **gerookte makreel**, in stukjes
1 el gehakt **bieslook**
zout en **versgemalen zwarte peper**

Eet deze salade terwijl u heerlijk op een kleedje in het gras zit. Maar pas op dat u niets morst, anders ruiken al uw volgende picknicks naar vis.

Meng de kool, biet en rode ui in een grote kom.

Verhit een kleine pan en rooster daarin het karwijzaad tot de geur vrijkomt. Stort het in een vijzel en stamp het grof. Doe het ook in de slakom.

Voeg de overige ingrediënten toe met zout en peper naar smaak en meng.

TIP
In plaats van verse mierikswortel kunt u ook mierikswortelpasta gebruiken. Voeg die toe naar smaak.

ACQUA E SALE

VOOR 2 PERSONEN
VOORBEREIDING: 15 MIN.
ZV · V · VE

- 200 g **cherrytomaten**, gehalveerd
- 1 teentje **knoflook**, gekneusd
- 2 el **gemarineerde rode uien** (zie blz. 218)
- ½ **komkommer**, geschild, ontdaan van zaad, overlangs in vieren en dan in stukjes van 1 cm gesneden
- 1 el gehakte **bladpeterselie**
- flinke snuf **gedroogde oregano**
- flinke scheut **extra vergine olijfolie**
- 150 g **oud zuurdesembrood** of **oude ciabatta**, in stukjes gescheurd
- **zout** en **versgemalen zwarte peper**

Dit gerecht stamt uit Puglia en is een variatie op panzanella, dat traditioneel wordt gemaakt met kliekjes. 'Water en zout' en nog het een en ander.

Meng de tomaten met de knoflook, rode ui, komkommer, peterselie en oregano. Voeg flink wat zout en peper toe en bedek alles met olijfolie.

Besprenkel de stukjes brood met 50 ml water en schep ze door de groenten. Sprenkel er nog wat olie over en voeg naar smaak nog wat zout en peper toe.

TIP
Dit is erg lekker met buffelmozzarella of burrata.

PASTRAMI-SALADWICH

VOOR 2 PERSONEN
VOORBEREIDING: 15 MIN. • BEREIDING: 2 MIN.
TV • GV • ZV

¼ **savooiekool**, in reepjes gescheurd
150 g **krolselderij**, geraspt
1 grote **wortel**, geraspt
100 g **pastrami**, in dunne reepjes
4 **lente-uien**, gehakt
1 el gehakt **bieslook**

DRESSING:
2 el **olijfolie**
2 el **zwart mosterdzaad**
2 tl **Engelse mosterd**
1 teentje **knoflook**, gekneusd
1 el **ciderazijn**
zout en **versgemalen zwarte peper**

Een gedeconstrueerde sandwich met een twist.

Leg alle ingrediënten voor de salade in een grote kom en meng goed.

Verhit de olie in een kleine koekenpan. Voeg het mosterdzaad toe, wacht tot dat begint te knappen en neem de pan van het vuur. Doe de overige ingrediënten voor de dressing bij het zaad en klop alles door elkaar. Breng op smaak met zout en peper en hussel de salade door de dressing.

＼＼＼ TIP ／／／
Maak van restjes kool en knolselderij een salade met de mosterddressing. U kunt de pastrami vervangen door rookvlees of bresaola.

ORZOSALADE MET PIJLINKTVIS

VOOR 2 PERSONEN
VOORBEREIDING: 10 MIN. • BEREIDING: 12 MIN.
ZV

100 g **orzo**
1½ el **olijfolie**
200 g schoongemaakte **pijlinktvis**, de lijfjes opengevouwen
chili-peterselie-knoflookdressing (zie blz. 218)
50 g **rucola**
zout en **versgemalen zwarte peper**

Deze inktvis ligt in een wip op uw bord. Een salade die geluk brengt (dat zeggen ze althans).

Kook de pasta volgens de aanwijzingen op de verpakking. Laat hem goed uitlekken en sprenkel er 1 eetlepel olijfolie over.

Verhit een grillpan tot hoge temperatuur. Wentel de inktvis door de resterende olie en strooi er flink wat zout en peper over. Gril de inktvis enkele minuten aan elke kant, afhankelijk van het formaat. Bak de tentakels iets langer, circa 2 minuten. Schep de inktvis uit de pan en laat hem afkoelen. Snijd de inktvis in plakjes.

Klop de ingrediënten voor de dressing door elkaar en hussel de pasta, inktvis en rucola erdoor. Breng op smaak met flink wat zout en peper.

TIP
U kunt ook schoongemaakte pijlinktvis uit de diepvries kopen. Orzo kunt u vervangen door elke andere kleine pastasoort, of door Israëlische couscous.

CAUCHOISE

VOOR 2 PERSONEN
VOORBEREIDING: 10 MIN. • BEREIDING: 20 MIN.
TV • GV

200 g **nieuwe aardappels**
3 **stengels bleekselderij**, in plakjes
1 el gehakte **dragon**, **kervel** en **bieslook**
2 el **crème fraîche**
4 **lente-uien**, gehakt
50 g **waterkers**
50 g **ham**, in dunne reepjes

DRESSING:
1 tl **dijonmosterd**
1 el **ciderazijn**
1 teentje **knoflook**, gekneusd
3 el **koolzaadolie**
zout en **versgemalen zwarte peper**

Dit is een traditionele salade uit Pays de Caux in Normandië. Omvangrijk, verzadigend en met een leuke naam.

Kook de aardappels in een pan water net gaar. Klop intussen de ingrediënten voor de dressing door elkaar en breng die op smaak met zout en peper.

Giet de aardappels goed af en schep ze nog warm door de dressing. Laat afkoelen. Als u ze kunt vastpakken, snijd de aardappels dan in stukken of plakjes en leg ze weer terug.

Hussel het aardappelmengsel, de bleekselderij, kruiden, crème fraîche en lente-ui voorzichtig door elkaar. Serveer de salade op een bedje van waterkers en leg de hamreepjes erop.

BELGISCHE BIEFSTUK

VOOR 2 PERSONEN
VOORBEREIDING: 15 MIN. • BEREIDING: 8 MIN.
TV • GV • ZV

1 **stronkje witlof**, fijngesneden
¼ **stronk roodlof**, fijngesneden
1 **prei**, fijngesneden
200-250 g **entrecote** (of andere biefstuk)
1 el **olijfolie**
100 g **kastanjechampignons**, in plakjes
zout en **versgemalen zwarte peper**

DRESSING:
2 el **mosterdmayonaise** (zie blz. 218)
1 el gehakt **bieslook**

Biefstuk met frieten is naar verluidt een Belgisch nationaal gerecht. In dit recept ontbreken de frieten, maar geef ze er gerust bij.

Meng het lof en de prei in een grote kom.

Laat een grillpan zeer heet worden. Bestrijk de biefstuk met wat olijfolie en strooi er flink wat zout en peper over. Bak het vlees enkele minuten aan elke kant en laat het dan onafgedekt rusten op een bord.

Bak de champignons in dezelfde pan in enkele minuten bruin en zet opzij.

Maak het lofmengsel aan met de mosterdmayonaise en voeg dan het bieslook en zout en peper toe. Hussel de afgekoelde champignons erdoor. Snijd de biefstuk in repen en leg die op de aangemaakte salade.

> **TIP**
> Gebruik in deze salade eventueel restjes gebraden rundvlees.

NATUURLIJK EN SNEL

LUNCHTROMMEL

ROZE QUINOA

VOOR 1 PERSOON
VOORBEREIDING: 10 MIN.
TV · GV · ZV · V · VE (niet **ZV** of **VE** met het halloumikruim)

200 g **gekookte quinoa**, afgekoeld
100 g **gekookte rode biet**
2 tl **granaatappelsiroop**
sap van ½ **sinaasappel**
1 el **olijfolie**
½ teentje **knoflook**, gekneusd
¼ **granaatappel**, alleen de pitten
3 **radijsjes**, in plakjes
½ **rode ui**, gehakt
snuf **sumak**
zout en **versgemalen zwarte peper**

VOOR ERBIJ
geroosterd halloumikruim (naar keuze, zie blz. 215)

Wees gerust, dit is geen nieuwe quinoasoort die u nog niet kent. Het graan is roze door de bieten, maar nog steeds die goeie ouwe quinoa.

Stort de quinoa in een kom.

Maak de bietendressing door de volgende vijf ingrediënten samen te pureren met een staafmixer en voeg naar smaak zout en peper toe.

Hussel de dressing door de quinoa en voeg de rest van de ingrediënten toe.

TIP
U krijgt bieten snel gaar door ze te schillen, te raspen en 10 minuten te fruiten in wat olie. Dat bespaart u heel wat werk.

GROENTEFREEKEH MET DADELYOGHURT

VOOR 1 PERSOON
VOORBEREIDING: 15 MIN. · BEREIDING: 40 MIN.
V

2 **pastinaken**
2 **wortels**
2 el **olijfolie**
100 g **freekeh** (of **gerookte freekeh**)
zout en **versgemalen zwarte peper**

DRESSING:
geraspte schil en sap van
  ½ onbehandelde **sinaasappel**
½ teentje **knoflook**, gekneusd
2 el **yoghurt**
snuf **komijn** en **kardemom**
4 **dadels**, ontpit en fijngehakt
1 **rode chilipeper**, fijngehakt
1 tl **honing**
1 tl gehakte **munt**

VOOR ERBIJ:
bosje **waterkers**
granaatappelpitten
gehakte **munt**
za'atar

Maakt u dit de avond tevoren, laat de waterkers dan weg en garneer de salade pas vlak voor u hem gaat eten.

Verwarm de oven voor op 190 °C.
Schil de pastinaken en wortels en snijd ze overlangs in vieren. Wentel ze door 1 eetlepel olijfolie. Strooi er zout en peper over en rooster ze op een bakplaat in circa 40 minuten gaar.

Was en kook intussen de freekeh zoals aangegeven op de verpakking. Giet goed af en roer de rest van de olijfolie erdoor. Breng nog warm op smaak met zout en peper.

Doe alle ingrediënten voor de dressing in een kom en klop ze door elkaar. Breng op smaak met zout en peper.

Stel de salade samen: meng voorzichtig de freekeh en waterkers door de geroosterde groenten. Schik alles op een serveerschaal. Sprenkel de yoghurtdressing erover en bestrooi de salade met de granaatappelpitten, gehakte munt en za'atar.

\\\\ TIP ////

Blancheer de groenteparten eens een paar minuten in kokend water. Giet af en haal ze door olijfolie. Gril ze in een hete grillpan lichtbruin en doe ze bij de salade. U kunt ook andere groenten gebruiken, zoals pompoen en knolselderij.

GEPEKELDE MAKREEL

VOOR 1 PERSOON
VOORBEREIDING: 40 MIN. (plus pekelen) • **BEREIDING: 10 MIN.**
ZV

150 g **makreelfilets** (met vel, zonder graten)
1 tl **zout**
50 ml **water**
50 ml **wittewijnazijn**
25 g **bruine suiker**
50 g **gekookte doperwten**
10 kleine **augurken**, in plakjes
1 **sjalot**, gehakt
1 el **olijfolie**
1 tl gehakte **dille**
150 g **Israëlische couscous**, gekookt
handvol **veldsla**
zout en versgemalen **zwarte peper**
extra vergine olijfolie

Magische makreel. Lang leve het pekelen.

Dep de makreel goed droog met keukenpapier en bestrooi hem met het zout. Laat circa 20 minuten staan. Veeg overtollig zout van de filets en dep ze opnieuw droog. Leg ze in een kom. Verwarm het water en de azijn met de suiker tot de suiker is opgelost en de vloeistof heet is. Schenk hem over de vis en laat die zo 'koken'.

Haal de vis na een paar minuten uit het vocht als hij net gaar is (de tijd hangt af van de dikte van de filets). Dep de filets goed droog met keukenpapier en snijd ze schuin in plakken.

Meng de doperwten, augurken, sjalot, olie en dille en voeg flink wat zout en peper toe. Schep de makreel erdoor. Schik de couscous en veldsla op een bord. Leg de makreel met de doperwten erop en besprenkel met extra vergine olijfolie.

TIP
Gebruik, als u haast heeft, gebakken of gerookte makreel in deze salade. Of neem andere gare vette vis.

LUNCHTROMMEL

WARMGEROOKTE ZALM

VOOR 1 PERSOON
VOORBEREIDING: 20 MIN. • BEREIDING: 8 MIN.

1 kleine **rauwe biet**, geschild en grof geraspt
2 el **olijfolie**
½ teentje **knoflook**, gekneusd
1 tl **karwijzaad**
rasp en sap van ½ onbehandelde **sinaasappel**
1 tl **balsamicoazijn**
stuk **komkommer** van 2 cm
4 **radijsjes**
200 g **freekeh**, gekookt
100 g **warmgerookte zalm**, in één stuk
handvol **waterkers**
1 el grof gehakte **dille**
zout er versgemalen zwarte peper

DRESSING:
1 el **crème fraîche**
1 tl **citroensap**
2 tl geraspte **mierikswortel** (of **warme mierikswortelpasta**)

U kunt ook koudgerookte zalm gebruiken of, als u avontuurlijk bent aangelegd, andere gerookte vis, zoals paling.

Deze salade maakt dat u nog heel lang wilt leven. En waarschijnlijk helpt de salade daarbij.

Doe de geraspte biet in een kom. Maak een sinaasappeldressing door de helft van de olie te verwarmen in een kleine pan. Voeg dan de knoflook en het karwijzaad toe. Doe, voor de knoflook verkleurt, de rasp en het sap van de sinaasappel erbij en laat circa 5 minuten inkoken tot de saus de consistentie van een siroop heeft. Roer de balsamicoazijn en de rest van de olijfolie erdoor. Maak de biet aan met de sinaasappeldressing, voeg flink wat zout en peper toe en meng goed.

Klop de ingrediënten voor de mieriksworteldressing in een kom goed door elkaar. Voeg wat water toe tot de dressing zo dik is als slagroom. Zet opzij zodat de smaken zich kunnen ontwikkelen.

Snijd de komkommer en radijsjes in dunne rondjes en snijd die dan overdwars tot smalle staafjes.

Doe de freekeh in een kom en voeg de biet toe. Trek de zalm voorzichtig in grote stukken en leg die op de aangemaakte biet en de freekeh. Sprenkel de mieriksworteldressing erover en bestrooi de salade met komkommer, radijs en waterkers. Eindig met de dille.

LUNCHTROMMEL

PARELCOUSCOUS

VOOR 1 PERSOON
VOORBEREIDING: 15 MIN. • BEREIDING: 10 MIN.
ZV • V • VE

150 g **gekookte parelcouscous**, afgekoeld
1 **courgette**
¼ **aubergine**
1 el **olijfolie**
6 **cherrytomaten**, in vieren
1 **piquillopeper**, in reepjes
basilicumdressing (zie blz. 216)
zout en **versgemalen zwarte peper**

Met dit pareltje van een salade voelt u zich verzadigd maar niet opgeblazen. Zo is eten aan uw bureau een fluitje van een cent.

Doe de couscous in een grote kom. Snijd de courgette en aubergine in stukken of repen. Bak stukken gaar in de olijfolie; rooster repen in een grillpan.

Meng de gare groenten door de couscous, samen met de tomaat en reepjes peper.

Spatel de basilicumdressing door de salade en breng die op smaak met zout en peper.

TIP

De groenten kunnen er best tegen als u erop drukt om te voelen of ze gaar zijn als ze in de grillpan liggen.

U kunt ook pijnboompitten, halfgedroogde tomaten en geschaafde venkel door de couscous mengen.

PITTIGE TEMPÉ EN BOERENKOOL

VOOR 1 PERSOON
VOORBEREIDING: 15 MIN. • BEREIDING: 15 MIN.
ZV • V • VE

100 g **boerenkool**, stelen verwijderd
2 tl **sesamolie**
50 g **gare tempé**
1 el **koolzaadolie**
1 tl **chilisaus**
2 tl **sojasaus**
snuf **cayennepeper**
1 **wortel**, geraspt
50 g **gekookte suikermaiskorrels**
2 el **geroosterde kikkererwten** (zie blz. 215)
1 el **geroosterd sesamzaad**
zout en **versgemalen zwarte peper**

DRESSING:
½ teentje **knoflook**, gekneusd
1 el **rijstazijn**
1 el **sesamolie**
1 el **koolzaadolie**
1 tl geraspte **gemberwortel**

VOORERBIJ:
1 el gehakte **koriander**

Rooster de kikkererwten tegelijk met de boerenkool in de oven, zodat beide krokant worden. U kunt ze afzonderlijk ook prima eten als snack.

Verwarm de oven voor op 150 °C.

Wentel de boerenkoolbladeren door de sesamolie, bestrooi ze met zout en peper, leg ze op een bakplaat en bak ze in de oven in 10-15 minuten krokant en aan de randen lichtbruin.

Snijd de tempé in dunne reepjes. Verhit de koolzaadolie in een kleine koekenpan en roerbak daarin de tempé 1 minuut. Voeg snel de chili- en sojasaus en cayennepeper toe. Roer alles door de olie; neem dan de pan dan van het vuur.

Meng in een grote kom de boerenkool, wortel, suikermais, kikkererwten en het sesamzaad. Klop de ingrediënten voor de dressing door elkaar en meng die door de salade. Voeg flink wat zout en peper toe. Leg de stukjes tempé en gehakte koriander erop.

\\\ **TIP** ///
Heeft u rauwe tempé gekocht, stoom of bak die dan 20 minuten voor gebruik. Geef er naar keuze meer smaak aan met specerijen als komijn en koriander.

LUNCHTROMMEL

BLOEMKOOL OP DRIE MANIEREN

GEROOSTERD MET SAFFRAAN

VOOR 1 PERSOON
VOORBEREIDING: 15 MIN.
BEREIDING: 20 MIN.
TV · GV · ZV · V · VE

- ¼ **bloemkool**
- ½ stronk **romanesco**
- 1 el **olijfolie**
- 1 el **rozijnen**
- 50 g **boerenkool**, gekookt en gehakt
- 1 **sjalot**, gehakt
- 1 el gehakte **bladpeterselie**
- 1 el **pijnboompitten**, geroosterd
- **zout** en **versgemalen zwarte peper**

SAFFRAANVINAIGRETTE:
- snuf **saffraan**, geweekt in 1 el kokend water
- 1 el **sherryazijn**
- 2 el **olijfolie**
- ½ teentje **knoflook**, gekneusd
- 1 tl **ahornsiroop**

Dit vindt u vast erg lekker. Doe eens chic en koop Iraanse saffraan.

Verwarm de oven voor op 170 °C. Snijd de bloemkool en romanesco in roosjes. Wentel die door de olijfolie, strooi er zout en peper over en bak ze 15-20 in de oven, tot ze net kleur krijgen. Wel de rozijnen in heet water. Klop intussen in een kom de ingrediënten voor de saffraanvinaigrette door elkaar en breng die op smaak met zout en peper. Schep de gare groenten bij de dressing terwijl ze nog warm zijn. Schep goed om en laat afkoelen. Voeg de overige ingrediënten plus de uitgelekte rozijnen toe aan de salade.

SPEK-WALNOOTDRESSING

VOOR 1 PERSOON
VOORBEREIDING: 15 MIN.
BEREIDING: 20 MIN.
TV · GV · ZV

- ½ **bloemkool**, in roosjes en geroosterd zoals in het vorige recept
- 1 **prei**, in stukjes en gekookt
- 1 stengel **bleekselderij**, in stukjes
- 50 g **plakjes ontbijtspek**
- 2 el **walnootdressing** (zie blz. 219)
- handvol jonge **bladspinazie**
- 1 el gehakt **bieslook**

Dit gerecht wordt vegetarisch als u het spek weglaat.

Hussel alle ingrediënten behalve de spinazie en het bieslook door de dressing. Serveer op de spinazie en bestrooi met het bieslook.

BLOEMCOUS

VOOR 1 PERSOON
VOORBEREIDING: 15 MIN.
BEREIDING: 5 MIN.
TV · GV · V

- ½ **bloemkool**
- 1 el **olijfolie**
- 2 el **gemarineerde rode uien** (zie blz. 218)
- 5 **zongedroogde tomaten**, gehakt
- ¼ **komkommer**, gehakt
- 10 **basilicumblaadjes**, gescheurd
- 1 el **pijnboompitten**, geroosterd
- 1 el verkruimelde **feta**
- **zout** en **versgemalen zwarte peper**

Geweldig als u glutenvrij moet eten.

Verdeel de bloemkool in roosjes en maal die in een keukenmachine tot ze op couscous lijken. U kunt ze ook zeer fijn hakken. Verhit de olie in een grote lage pan en roerbak de bloemkool enkele minuten; breng op smaak met zout en peper. Stort de bloemkool in een kom en voeg de overige ingrediënten toe.

TIP
Bloemkool roosteren is een openbaring en een geweldige manier om de smaak te intensiveren. Meng er na het roosteren eens wat geraspte kaas door en laat afkoelen.

ZWARTE RIJST MET DOPERWTEN

VOOR 1 PERSOON
VOORBEREIDING: 10 MIN. • BEREIDING: 5 MIN.
TV • GV • ZV • V

- 150 g **gekookte zwarte rijst**
- 100 g **gekookte doperwten**
- 1 bos **lente-uien**, gehakt
- 1 **rode chilipeper**, fijngehakt
- 1 of 2 **gekookte eieren**, afhankelijk van hoeveel trek u heeft
- 1 el gehakte **koriander**
- handvol **erwtenscheuten** (naar keuze)

KERRIEVINAIGRETTE:
- 1 tl **kerrie**
- 1 el **rijstazijn**
- 2 el **koolzaadolie**
- 1 tl geraspte **gemberwortel**
- **zout** en **versgemalen zwarte peper**

Tijdens het testen van de recepten leidde het eten van deze salade Jane zo af dat ze helemaal vergat het recept op te schrijven. Gelukkig maakte en at ze hem nog een paar keer, dus hier is het recept toch nog!

Meng in een grote kom de rijst met de doperwten, lente-ui en chilipeper.

Klop de ingrediënten voor de vinaigrette door elkaar en voeg naar smaak zout en peper toe.

Meng de dressing door de rijst en leg de gehalveerde gekookte eieren, de koriander en eventueel de erwtenscheuten erop.

TIP
Deze salade is ook lekker met stukjes gerookte schelvis erdoor.

KARENS POMPOENSALADE

VOOR 1 PERSOON
VOORBEREIDING: 15 MIN. • BEREIDING: 30 MIN.
TV • GV • ZV • V • VE

200 g **pompoen**, in stukken van 2-3 cm
1 el **olijfolie**
1 tl **garam masala**
1 **sjalot**, fijngehakt
50 g **piquillopepers**, grof gehakt
2 el **gekookte linzen**
2 el **kikkererwten**, gekookt of geroosterd (zie blz. 215)
50 g **gekookte doperwten** en **gekookte tuinbonen**
1 el gehakte **munt** en gehakte **bladpeterselie**
2 el **zonnebloempitten**, geroosterd
zout en **versgemalen zwarte peper**

DRESSING:
1 teentje **knoflook**, gekneusd
2 el **olijfolie**
1 el **ciderazijn**
½-1 **rode chilipeper**, gehakt
1 el gehakte **amandelen**
2 **zongedroogde tomaten**, gehakt
4 **olijven**, gehakt

Karen maakte deze salade voor een familielunch en Rachael, lid van ons marketingteam, vond hem zo lekker dat de salade in dit boek terecht is gekomen. Het recept is geweldig, net als Karen zelf.

Verwarm de oven voor op 170 °C.

Meng de pompoen met de olijfolie en garam masala. Strooi er zout en peper over en rooster de pompoen in circa 30 minuten gaar in de oven. Laat afkoelen, leg de stukken in een grote kom en meng de volgende vijf ingrediënten erdoor.

Meng de ingrediënten voor de dressing, breng die op smaak met zout en peper en schep hem door het pompoenmengsel.

Voeg vlak voor u de salade eet de kruiden en zonnebloempitten toe.

TIP

Deze salade blijft in de koelkast een paar dagen goed, maar voeg de kruiden pas op het laatst toe. Lekker met lamsvlees of op zichzelf, met blaadjes sla.

MALEISISCHE SALADE MET IKAN BILIS

VOOR 1 PERSOON
VOORBEREIDING: 15 MIN.
ZV

1 el **gedroogd kokos**, geroosterd

2 tl **gedroogde garnalen**, geweekt in heet water

¼ **komkommer**, geschild, ontdaan van zaad en in reepjes

50 g **taugé**

2 **lente-uien**, gehakt

100 g **gemengde groenten** (**peultjes**, **sperzie**- of **pronkbonen**), alle in reepjes

5 **muntblaadjes**, gescheurd

1 **rode chilipeper**, gehakt

sap van ½ **limoen**

1 tl **ketjap manis**

½ tl **palmsuiker**

1 tl **sesamolie**

zout en **versgemalen zwarte peper**

VOOR ERBIJ:
bieslook
25 g **ikan bilis** (zie blz. 214)

Ikan bilis is gepekelde ansjovis. Deze salade is een enorme opkikker op druilerige dagen. Hij zit boordevol smaken en de rauwe gemengde groenten geven een heerlijke bite.

Stamp het geroosterde kokos met de gedroogde garnalen fijn in een vijzel.

Meng in een kom alle schoongemaakte groenten met de munt en chilipeper. Meng de overige ingrediënten en hussel ze door de salade. Roer de kokos-garnalenpasta erdoor en breng op smaak met zout en peper.

Voeg het bieslook en de ikan bilis toe en serveer.

> \\\ **TIP** ///
>
> U kunt in deze salade ook gekookte garnalen of andere zeevruchten verwerken. Het geroosterde kokos en de ketjapmanisdressing zijn ook erg lekker met plakjes tomaat.

BOERENKOOLSALADE MET PINDA'S

VOOR 1 PERSOON
VOORBEREIDING: 10 MIN.
TV • GV • ZV • V • VE

Meer dan de som der delen. Kom op, boerenkool is in!

100 g **boerenkool**

50 g **voorjaarsgroenten**

1 el gehakte **koriander**

1 tl gehakte **munt**

3 el **Leons tamari-sesamdressing** (zie blz. 216, let erop dat de tamari glutenvrij is als u een glutenvrije salade wilt)

1 el geroosterde **pinda's**, grof gehakt

Scheur de boerenkool en voorjaarsgroenten in kleine stukjes en meng ze met de kruiden. Schep de dressing erdoor en bestrooi vlak voor serveren met de pinda's.

CAESARSALADE MET BOERENKOOL

VOOR 1 PERSOON
VOORBEREIDING: 10 MIN.
TV · GV

Hoewel hier geen traditionele caesardressing (zie blz. 219) is gebruikt, doen de ansjovis en parmezaan daar wel sterk aan denken. Bij Leon is boerenkool erg populair.

100 g **boerenkool**, stelen verwijderd

50 g **voorjaarsgroenten**, stengels verwijderd

3 el **Leons honing-mosterddressing** (zie blz. 218)

100 g **gare kip**, in stukjes gescheurd

4 **gezouten ansjovisfilets**, gehakt

1 el geraspte **parmezaan**

1 el gehakt **bieslook**

Scheur de boerenkool en voorjaarsgroenten in smalle reepjes. Hussel ze door elkaar met de dressing en verdeel de overige ingrediënten erover.

POOLSE HARING-AARDAPPELSALADE

VOOR 1 PERSOON
VOORBEREIDING: 15 MIN.
TV • GV

100 g **rolmops**, goed uitgelekt en in plakjes
100 g **rode bieten**, gekookt, gepeld en in blokjes
100 g **aardappels**, gekookt en in blokjes
½ **appel**, in blokjes
½ **rode ui**, in ringen
1 tl hete **mierikswortelpasta**
1 el **zure room**
1 el gehakte **dille** en gehakt **bieslook**
roodlofblaadjes
zout en **versgemalen zwarte peper**

Rolmops smaakt veel beter dan de naam doet vermoeden. Geloof ons maar.

Doe de eerste vijf ingrediënten in een kom en schep ze door elkaar. Meng de mierikswortelpasta met de zure room en de helft van de kruiden. Breng op smaak met flink wat zout en peper.

Spatel de room door de salade. Schik die op de roodlofbladeren en strooi de rest van de kruiden erover.

TIP
U kunt dit serveren met geraspte hardgekookte eieren en zoete dillepickles. Of strooi er mierikswortel over.

TOMAAT, FETA & LINZEN

VOOR 1 PERSOON
VOORBEREIDING: 10 MIN.
TV · GV · V

100 g **gekookte linzen**
¼ **komkommer**, in blokjes
1 el grof gehakte **dille**
2 el **Franse vinaigrette** (zie blz. 216)
3 **halfgedroogde tomaten**, in plakjes
30 g **minipruimtomaten**, gehalveerd
30 g **feta**, verkruimeld
handvol **rucola**
1 el **Leons geroosterde zaden** (zie blz. 215)
zout en **versgemalen zwarte peper**

Wij vinden dit een ideale salade voor zomerdagen. Linzen zijn fantastisch om u door lange dagen en nog langere nachten te helpen.

Meng de linzen in een kom met de komkommer en dille. Voeg naar smaak zout en peper toe en maak de salade aan met de vinaigrette.

Leg de overige ingrediënten erop.

\\\\ VARIATIES ////

RODE MAKREEL:
TV · GV · ZV
- Laat de tomaten en feta weg. Voeg 100 g gerookte makreel in stukjes toe en 1 eetlepel granaatappelpitten en blauwe bessen.

VARKENSSCHENKEL EN LINZEN:
TV · GV · ZV
- Vervang de tomaten en feta door 100 g in reepjes gescheurde varkensschenkel. Geef er Leons honing-mosterddressing bij.

SUPERPURE KIP-QUINOASALADE

VOOR 1 PERSOON
VOORBEREIDING: 15 MIN.
TV · GV · ZV

150 g **gekookte quinoa**
100 g **gare kipfilet**, gehakt
4 **zongedroogde tomaten**, fijngehakt
50 g **doperwten**, gekookt
stuk **komkommer** van 2-3 cm, ontdaan van zaad en in blokjes
1 el gehakte **munt** en **peterselie**
2 el **olijfolie**
1 el **citroensap**
¼ **granaatappel**, alleen de pitten
zout en **versgemalen zwarte peper**
partje **citroen**, voor erbij

In 2015 draaide alles bij Leon om slank en puur. Om zonder honger te lijden je lichaam de benodigde brandstof te geven. Zoals met deze salade.

Meng in een grote kom voorzichtig alle ingrediënten door elkaar, behalve de granaatappel en citroen; die strooit u over de salade na het zout en de peper.

TIP
Maak de salade vegetarisch door de kip weg te laten. Voor goede vetten kunt u avocado toevoegen.

LUNCHTROMMEL

KIP MET MAISDRESSING

VOOR 1 PERSOON
VOORBEREIDING: 15 MIN.
TV · GV · ZV

100 g **gare kipfilet**, in reepjes
½ **avocado**, in plakjes
6 **cherrytomaten**, gehalveerd
4 **lente-uien**, gehakt
½ krop **little gem**
50 g **zwarte bonen**, uitgelekt

DRESSING:
1 **kolf suikermais**, korrels losgehaald en grof gehakt
½ teentje **knoflook**, gekneusd
1 **rode chilipeper**, gehakt
1 **sjalot**, gehakt
1 **piquillopeper**, gehakt
sap van ½ **limoen**
2 el **olijfolie**
1 el gehakte **koriander**
zout en **versgemalen zwarte peper**

Nog veel lekkerder dan een sandwich met kip en mais. Maar dat wist u al.

Schik alle ingrediënten voor de salade op een bord of, voor hipsters, in een pot.

Meng de ingrediënten voor de dressing en sprenkel die over de salade.

TONNATO MET KIP & ARTISJOK

VOOR 1 PERSOON
VOORBEREIDING: 15 MIN.
TV · GV · ZV

150 g gare **kip**, in dunne plakjes
100 g gekookte **sperziebonen**, in stukjes
2 gare **artisjokharten**, in plakjes
¼ krop **romaine**, in reepjes gescheurd

DRESSING:
1 **ansjovisfilet**
5 **kappertjes**
blaadjes van een takje **basilicum**
½ teentje **knoflook**, gekneusd
2 el **mayonaise**
1 el **olie van tonijn/ansjovis**
1 el **tonijn uit blik**
zout en **versgemalen zwarte peper**

VOORERBIJ:
basilicumblaadjes
ansjovis
kappertjes

Stel u voor dat u door Italië toert en stopt bij een klein familierestaurant om te lunchen. Als u dat wilt, tenminste.

Schik de kip, bonen, artisjok en sla zo op een bord dat er plakjes kip te zien zijn.

Stamp in een vijzel de ansjovis en kappertjes, het basilicum en de knoflook tot een pasta. Wat zout maakt het basilicum sneller fijn.

Meng de pasta met de mayonaise en de olie. Roer dit door de tonijn uit blik. Het tonijnmengsel moet de consistentie van slagroom hebben. Is het te dik, leng het dan aan met wat water en voeg vervolgens zout en peper toe.

Besprenkel de salade met de tonnatosaus en strooi de extra ingrediënten erover.

TIP
U kunt in deze salade ook koude gebraden kip of varkens- of rundvlees verwerken.

LUNCHTROMMEL

SALADE MET GESCHEURDE SPRUITJES

VOOR 1 PERSOON
VOORBEREIDING: 10 MIN.
TV · GV

2 handen **boerenkool**, ontdaan van stelen en in dunne reepjes gescheurd
100 g **spruiten**, in kleine stukjes gescheurd
sap van ½ **citroen**
3 el **Leons honing-mosterddressing** (zie blz. 218)
1 el **gedroogde cranberry's**
50 g plakjes **gebakken spek** (naar keuze)
25 g **gerookte amandelen**, grof gehakt
1 el geraspte **pecorino**
zout en **versgemalen zwarte peper**

Dit is supersimpel te maken op uw werk. De groenten hoeft u niet te koken en u kunt kant-en-klaar of de avond tevoren gerookt spek gebruiken. Bewaar een scherp mes in uw bureaulade voor het geval dat.

Doe de kleingescheurde groenten in een kom en besprenkel ze met het citroensap. Strooi er flink wat zout en peper over.

Hussel de groenten door de dressing, samen met de cranberry's, plakjes spek en amandelen.

Spatel vlak voor u gaat eten de pecorino erdoor.

FARROSALADE

VOOR 1 PERSOON
VOORBEREIDING: 15 MIN. • BEREIDING: 30 MIN.
ZV • V • VE

1 **prei**, in plakjes van 2-3 cm
6 **radijsjes**, gehalveerd
1 **venkelknol**, in 8 parten
1 **meiraap**, geschild en in parten
2 el **olijfolie**
½ **teentje knoflook**, gekneusd
150 g **gekookte farro**
sap van ½ **citroen**
zout en **versgemalen zwarte peper**

GREMOLATA:
1 el fijngehakte **bladpeterselie**
rasp van ½ onbehandelde **citroen**
½ teentje **knoflook**, zeer fijn gehakt

Dit is de salade waarnaar u op zoek was.

Verwarm de oven voor op 170 °C.

Meng de schoongemaakte groenten door 1 eetlepel van de olijfolie en rooster ze in circa 30 minuten gaar in de oven. Haal ze eruit en laat ze afkoelen.

Verhit intussen de resterende olie in een pan en fruit daarin de knoflook 1 minuut. Stort de farro erbij en meng die door de knoflookolie. Bak enkele minuten. Voeg flink wat zout en peper toe, roer het citroensap erdoor en laat afkoelen.

Meng de ingrediënten voor de gremolata en breng die op smaak met zout en peper. Meng de groenten en farro. Strooi de gremolata erover en meng die door de salade.

\\\\ TIP ////

Een andere simpele salade met gare farro maakt u door hem te mengen met gehakte tomaten, piquillopepers en stukjes gare courgette. Roer er pesto en olijfolie door.

SPINAZIE, KIKKERERWTEN & AMANDELEN

VOOR 1 PERSOON
VOORBEREIDING: 10 MIN. • BEREIDING: 1 MIN
TV • GV • ZV • V • VE

1 el **rozijnen**

300 g **spinazie**

snuf **cayennepeper**

100 g **gekookte kikkererwten**

2 el **amandelschaafsel**, geroosterd

2 el **gemarineerde rode uien** (zie blz. 218)

½ teentje **knoflook**, gekneusd

2 el **olijfolie**

1 el gehakte **bladpeterselie**

zout

Een gerecht voor als u aan het eind van de maand krap zit. Zo lekker dat u die schoenen die u zo graag wilt hebben in één keer vergeet.

Wel de rozijnen in heet water.

Blancheer de spinazie 1 minuut in kokend water, spoel hem onder de koude kraan en laat hem goed uitlekken. Knijp overtollig vocht uit de spinazie en hak de groente fijn. Breng op smaak met zout en cayennepeper.

Prak de helft van de kikkererwten grof. Meng op het laatste moment alle ingrediënten door elkaar, inclusief de uitgelekte rozijnen.

RODE BIET, LABNEH & DUKKAH

VOOR 1 PERSOON
VOORBEREIDING: 10 MIN.
TV · GV · V

- 200 g **rode bieten**, geroosterd en in stukken gesneden
- 100 g gekookte **puylinzen**
- 4 el **gemarineerde rode uien** (zie blz. 218)
- 2 el **olijfolie**
- 1 el **balsamicoazijn**
- klein bosje **waterkers**
- 2 **radijsjes**, in plakjes (naar keuze)
- 50 g **labneh**
- 1 el gehakte **munt**
- 2 el **dukkah**
- **zout** en **versgemalen zwarte peper**

Lichtgezouten labneh geeft dit gerecht een subtiele romige volle smaak en vult de bieten zo goed aan dat die ervan blozen.

Meng de biet met de linzen en rode ui. Roer de olijfolie en balsamicoazijn erdoor en breng op smaak met zout en peper.

Schik de waterkers op een bord en schep de biet erop. Eindig met de radijs, labneh, munt en dukkah.

VOOR VRIENDEN

ARTISJOKKEN & TRUFFEL

VOOR 4 PERSONEN
VOORBEREIDING: 10 MIN.
TV · GV

8 **aardperen**
2 el **citroensap**
50 g **paardenbloemblaadjes** (indien in het seizoen) of **frisee**
bladeren van 3 stronkjes **witlof**
50 g geschaafde **parmezaan**
200 g **griesmeelcroutons** (zie blz. 214)
2 el gehakt **bieslook**
truffelolie, voor erbij

DRESSING:
2 el **citroensap**
3 el **extra vergine olijfolie**
zout en **versgemalen zwarte peper**

Paardenbloemblad geeft een bittere smaak. Laat u hierdoor niet afschrikken, want het is erg lekker. Het is soms lastig te vinden, tenzij u nodig uw tuin moet wieden.

Schil de aardperen, leg ze in een bak en zet ze onder koud water. Voeg het citroensap toe om te voorkomen dat ze verkleuren.

Meng de ingrediënten voor de dressing en breng die op smaak met zout en peper.

Meng de paardenbloemblaadjes en het witlof in een grote kom. Schaaf vlak voor u gaat eten de aardperen boven de salade met een mandoline of dunschiller.

Strooi de parmezaan, croutons en het bieslook erover en besprenkel de salade met truffelolie.

TIP
U kunt ook gescheurde rauwe spruitjes en verkruimelde (of gegrilde) geitenkaas door deze salade mengen.

VOOR VRIENDEN

WINTERGROENTEN MET KAAS

VOOR 4 PERSONEN
VOORBEREIDING: 10 MIN. • BEREIDING: 50 MIN.
TV • GV

400 g **pompoen**, in stukken of plakken

3 el **olijfolie**, plus extra voor de pompoen

75 g **pecannoten**

scheutje **tabasco**

scheutje **worcestersaus**

snuf **cayennepeper**

200 g **gemengde wintergroenten** (postelein, roodlof of frisee)

2 **rijpe peren**, geschild en in plakjes

1 el **ciderazijn**

blauwekaasdressing (zie blz. 218)

zout en **versgemalen zwarte peper**

De peren en pecannoten geven deze salade een lekkere bite en de blauwekaasdressing vult de smaak goed aan. De basis van pompoen maakt dat deze salade niet alleen verrast maar ook verzadigt.

Verwarm de oven voor op 200 °C.

Wentel de stukken pompoen door wat olijfolie, strooi er zout en peper over en rooster ze in circa 40 minuten gaar in de oven. Haal ze eruit en laat ze afkoelen.

Meng de pecannoten met de tabasco, worcestersaus, cayennepeper en wat zout. Leg ze op een bakplaat en rooster ze circa 8 minuten in de oven.

Hussel de groenten en plakjes peer door de olijfolie en azijn en breng op smaak met zout en peper. Leg daarop in laagjes de pompoen en pecannoten, en besprenkel de salade met de blauwekaasdressing.

> ### TIP
> Voeg voor extra vulling reepjes varkensschenkel toe.

BOORDEVOL BONEN

VOOR 4 PERSONEN
VOORBEREIDING: 10 MIN. • BEREIDING: 5 MIN.
TV · GV · ZV · V · VE

- 200 g **doperwten**
- 200 g **tuinbonen**
- 200 g **sugarsnaps**, in reepjes
- 3 el **olijfolie**
- 1 el **rodewijnazijn**
- 2 teentjes **knoflook**, gekneusd
- 4 gekookte **artisjokharten**, in plakjes
- 100 g **puylinzen**, gekookt
- 3 el gehakte **munt**
- 200 g **jonge bladspinazie**
- handvol **erwtenscheuten**
- **zout** en **versgemalen zwarte peper**

Deze salade bevat erg veel peulvruchten en zit dus vol eiwitten. Gebruik gerust tuinbonen en doperwten uit de diepvries. Gekookte artisjokken zijn verkrijgbaar bij de meeste supermarkten en de betere groentewinkel.

Blancheer de doperwten, tuinbonen en sugarsnaps een paar minuten in kokend water met wat zout.

Klop in een grote kom de olie, azijn en knoflook door elkaar. Giet de erwten en bonen goed af en doe ze nog warm bij de dressing, samen met de artisjokken en linzen. Voeg flink wat zout en peper toe, roer en laat afkoelen.

Doe de munt bij de salade als die is afgekoeld. Verdeel de jonge spinazie over een serveerschaal, schep het mengsel van erwten, bonen, artisjok en linzen erop en strooi de erwtenscheuten erover.

TIP
Mist u vlees in deze salade, meng er dan in reepjes gescheurde prosciutto of salami door.

VOOR VRIENDEN

SALPICON MET ZEEVRUCHTEN

VOOR 4 PERSONEN
VOORBEREIDING: 30 MIN.
TV · GV · ZV

250 g **gekookt mosselvlees**
250 g **gekookte grote garnalen**, gepeld
100 g **wit krabvlees**
1 **courgette**
½ **komkommer**
½ **rettich**
1 **wortel**
zout en **versgemalen zwarte peper**

DRESSING:
½ **rode paprika**, ontdaan van zaden en zaadlijsten, in kleine blokjes
½ **gele** of **oranje paprika**, ontdaan van zaad en zaadlijsten en in kleine blokjes
½ **avocado**, in kleine blokjes
2 **sjalotjes**, gesnipperd
1 teentje **knoflook**, gekneusd
1 **rode chilipeper**, gehakt
1 el **rijstwijnazijn**
1 el **limoensap**
2 el **koolzaadolie**
1 tl **ahornsiroop**
1 el gehakte **koriander**
1 el gehakt **bieslook**

Een gerecht om mee te nemen op een dagje naar het strand.

Spatel in een grote kom de zeevruchten door elkaar.

Klop de ingrediënten voor de dressing goed door elkaar. Schenk hem over de zeevruchten en schep om. Zet de kom afgedekt in de koelkast tot u gaat eten.

Schil de courgette, komkommer, rettich en wortel en schaaf er linten af met een Y-vormige dunschiller. Hussel ze door elkaar en strooi er zout en peper over.

Schep de gemarineerde zeevruchten op de groenten en serveer.

TIP
U kunt dit ook maken met verse mosselen in de schelp; laat het kookvocht van de mosselen dan inkoken en voeg het toe aan de dressing voor extra smaak.

FARROSALADE MET ROODLOF & VIJGEN

VOOR 4 PERSONEN
VOORBEREIDING: 15 MIN. • BEREIDING: 30 MIN.
V

150 g **farro**
3 el **olijfolie**
1 grote stronk **roodlof**
1 el **balsamicoazijn**
1 teentje **knoflook**, gekneusd
½ tl **bruine suiker**
1 el gehakte **majoraan**
125 g **gemengde slabladeren**
4 **vijgen**, in vieren
pitten van ½ **granaatappel**
100 g **blauwe kaas**, verkruimeld
handvol **kervel**, om te garneren (naar keuze
zout en versgemalen zwarte **peper**

Eentje voor het begin van de herfst. Met dieprode rijpe vruchten die doen denken aan afgevallen bladeren en kastanjes zoeken en poffen.

Spoel de farro af en stort hem in een pan met circa 5 dl water. Voeg een snuf zout toe en breng aan de kook. Laat de farro op laag vuur in circa 25 minuten beetgaar koken. Giet goed af, voeg zout en peper toe en roer er 1 eetlepel olijfolie door.

Snijd het roodlof in dunne parten. Laat intussen de grillpan heet worden. Klop in een grote kom de resterende olijfolie en de azijn, knoflook, suiker en majoraan door elkaar.

Als de grill heet is, rooster dan de roodlofparten. U kunt dit doen in porties; het roodlof moet slinken en iets bruin worden. Leg de parten zo van de grill in de dressing en wentel ze erdoor; voeg al doende zout en peper toe.

Stel de salade samen door het geslonken roodlof samen met de slabladeren op een serveerschaal te leggen. Strooi de farro erover en schenk alle dressing erover die over is van het roodlof. Verdeel tot slot de vijgen, granaatappelpitten en blauwe kaas erover en naar keuze de kervel.

\\\ TIP ///

Zo haalt u pitten uit een granaatappel: leg een helft op de snijkant in de palm van een hand (boven een kom). Sla met de andere hand met een deegroller of iets zwaars op de granaatappel. De pitten zullen er zonder veel schil uit vallen.

ARTISJOKSALADE MET ZOUTE VIS

VOOR 4 PERSONEN
VOORBEREIDING: 30 MIN. • BEREIDING: 15 MIN.
TV • GV

500 g **zoute vis**, 24 uur geweekt in water
ca. 4 dl **melk**
4 el **olijfolie**, plus extra voor de vis
200 g **aardperen**
2 el **citroensap**, plus extra voor de aardperen
2 grote **artisjokken**
200 g **kastanjechampignons**, in dunne plakjes
125 g **jonge slabladeren**
zout en **versgemalen zwarte peper**
truffelolie, voor erbij
klein bosje **bladpeterselie**, voor erbij

Verse artisjokken zijn soms moeilijk te vinden en nogal lastig schoon te maken. U kunt ze gerust vervangen door de dungesneden gekookte artisjokken die sommige delicatessenwinkels verkopen of die uit een pot.

Spoel de zoute vis af en verwijder alle huid en graten. Leg de vis in een pan en onder de melk. Pocheer de vis op laag vuur tot hij net gaar is. Dit duurt circa 15 minuten, afhankelijk van de kwaliteit van de zoute vis. Neem de gare vis uit de pan en laat hem uitlekken op keukenpapier. Breek de vis dan in grote stukken en wentel die door wat olijfolie.

Schil de aardperen en leg ze in hun geheel in wat water met een beetje citroensap. Maak de artisjokken schoon door de buitenste bladeren te verwijderen en de artisjokken terug te snijden tot het hart. Verwijder het hooi met een theelepel en leg de harten in het water met de aardperen.

Snijd de artisjokken met een scherp mes of een mandoline. Doe de champignons en slabladeren in een grote kom en schep de artisjokken erdoor. Breng op smaak met zout en peper en maak aan met het citroensap en de olijfolie.

Schik de salade op een serveerschaal en leg de stukken zoute vis erop. Eindig met een sliertje truffelolie en wat peterselieblaadjes.

TIP

U kunt zelf vis zouten. Gebruik heel verse kabeljauw en dep die goed droog. Dek af met zout en laat 48 uur koel staan. Of neem licht gezouten gekookte verse witvis.

BROCCOLI & ZALM

VOOR 4 PERSONEN
VOORBEREIDING: 15 MIN. • BEREIDING: 40 MIN.
TV • GV

500-600 g **zalmfilet**, ontdaan van vel en graten
1 el **olijfolie**
1 el gehakte **rozemarijn**
250 g **bimi**, schoongemaakt
blad van 2 stronkjes **roodlof**
100 g **rucola**
zout en **versgemalen zwarte peper**

ANSJOVISSAUS:
8 teentjes **knoflook**, gepeld
1 dl **melk**
5 **ansjovisfilets**
50 g **zachte boter**
2 el **olijfolie**, plus extra voor de zalm

Bent u niet dol op ansjovis, neem dan een andere dressing op knoflookbasis.

Kook voor de saus de knoflook circa 30 minuten in de melk. Voeg zo nodig wat meer melk toe om aanbranden te voorkomen. Als de knoflook zacht is, stort de inhoud van de pan dan in een keukenmachine met de ansjovis en boter. Pureer en druppel de olijfolie erbij tot u een dikke dressing heeft.

Wrijf de zalm in met olie en strooi er flink wat zout en peper over. Verhit een grillpan of grill tot zeer hoge temperatuur. Leg de zalm erop en bestrooi die met rozemarijn. Gril de zalm 2 minuten aan één kant, keer hem dan en gril nog 2 minuten. De zalm moet in het midden nog een beetje roze zijn; de exacte griltijd hangt af van de dikte van de vis. Neem uit de pan of grill en laat afkoelen.

Kook de bimi in kokend water met zout in 2 minuten gaar. Giet hem af en spoel hem onder de koude kraan.

Schik het roodlof, de rucola en bimi op borden en strooi er zout en peper op. Breek daarboven de zalm in grote stukken en sprenkel de ansjovissaus erover.

TIP
De ansjovissaus is ook heerlijk als dip voor rauwkost.

VOOR VRIENDEN

SALADE VAN WINTERGROENTEN

VOOR 4 PERSONEN
VOORBEREIDING: 25 MIN. • BEREIDING: 40 MIN.
TV • GV • V

1,2 kg **gemengde wintergroenten**
2 el **olijfolie**
chermoulahdressing (zie blz. 219)
100 g **waterkers**
100 g **labneh**
4 el **Leons geroosterde zaden** (zie blz. 215)
1 el gehakte **munt** en **koriander**
zout en **versgemalen zwarte peper**

De groenten in deze salade kunnen een mix zijn van welke wintergroenten u maar wilt, zoals pastinaak, wortel, raap en pompoen. Als u bieten gebruikt, snijd die dan in kleinere stukken dan de andere groenten, want ze zijn minder snel gaar.

Verwarm de oven voor op 170 °C.

Schil alle groenten en snijd ze in stukken of plakken. Wentel die door wat olijfolie en strooi er zout en peper over. Rooster ze in circa 40 minuten gaar in de oven

Maak intussen de dressing en schenk die in een grote kom.

Stort de gare en nog warme groenten in de kom met de dressing. Roer ze erdoor en laat ze dan afkoelen.

Spatel de koude groenten en de waterkers door elkaar. Schep er een lepel labneh op en strooi de zaden en kruiden erover.

> **TIP**
>
> Maak uw eigen labneh: roer een flinke snuf zout door wat volle yoghurt. Schep de yoghurt in een met kaasdoek bekleed vergiet boven een kom en zet die een nacht in de koelkast.

VOOR VRIENDEN

GEBRADEN KIP MET FRUIT

VOOR 4 PERSONEN
VOORBEREIDING: 20 MIN. • BEREIDING: 10 MIN.
ZV

2 el **rozijnen**
2 el goede **wittewijnazijn**
4 el **olijfolie**
1 teentje **knoflook**, gekneusd
1 el gehakt **bieslook** en gehakte **dragon**
½ (ca. 300 g) oud **ciabattabrood**
½ **gebraden kip**, de sappen bewaard
bosje **lente-ui** of 2 **sjalotjes**, gehakt
3 el **pijnboompitten**, geroosterd
200 g **witte druiven**, gehalveerd
150 g **rucola**
zout en **versgemalen zwarte peper**

Het gebruik van zowel druiven als rozijnen is als een vrolijke reünie van grootouders en kleinkinderen. Dit recept is gebaseerd op de klassieke salade van het Zuni Café in San Francisco.

Verwarm de oven voor op 200 °C.

Wel de rozijnen in zeer heet water. Meng voor de dressing de wittewijnazijn, olijfolie, knoflook, gehakte kruiden en flink wat zout en peper.

Scheur het oude brood in stukken van 2-3 cm. Leg ze op een bakplaat en bak ze in 5-10 minuten lichtbruin en krokant in de oven. Haal ze eruit en doe ze in een kom met de helft van de dressing en de braadsappen van de kip.

Giet de rozijnen af en doe ze ook in de kom. Meng de lente-ui of sjalot en de pijnboompitten erdoor.

Scheur het vlees van de kip of hak het grof. Meng het met de druiven, rucola en resterende dressing. Spatel het door de broodsalade en serveer direct.

TIP
Garneer deze salade eens met bieslookbloemen.

VOOR VRIENDEN

KROKANTE EEND

VOOR 4 PERSONEN
VOORBEREIDING: 20 MIN. · BEREIDING: 35 MIN.
TV · GV · ZV

½ tl **vijfkruidenpoeder**
2 grote **eendenborstfilets**
1 **zoete aardappel**, geschild
2 el **olijfolie**
4 **gekookte rode bieten**, geschild en in parten
150 g **frisee**
1 **sinaasappel**, liefst bloed-, in partjes
4 **radijsjes**, in plakjes
zout en **versgemalen zwarte peper**

DRESSING:
1 el **marmelade**
2 el **sinaasappelsap**
1 el **rijstwijnazijn**
1 tl geraspte **gemberwortel**
2 el **olijfolie**

ZO BAKT U DE BIETEN:
Snijd ze bij, was ze en verdeel ze met een flinke sliert olijfolie en 50 ml water over een bakplaat. Bestrooi met zout en peper, dek af met aluminiumfolie en bak ze circa 1 uur op 180 °C. Daarna gaat de schil er gemakkelijk af.

De zoete-aardappelchips zijn uitzonderlijk lekker. Het is slim een dubbele hoeveelheid te maken omdat ze zo op zijn!

Wrijf het vijfkruidenpoeder in het vel en vlees van de eendenborstfilets en leg ze op het vel in een koude koekenpan. Zet het vuur aan en bak de eend 6 minuten op één kant zodat het vet vrijkomt en het vlees krokant en bruin wordt. Schenk het vet uit de pan, keer de eend en bak hem nog 5 minuten op halfhoog vuur. Haal uit de pan en laat 10 minuten rusten.

Verwarm terwijl de eend in de pan zit de oven voor op 200 °C. Bereid de zoete aardappel voor door hem met een dunschiller of spiraalsnijder in lange repen te snijden. Hussel die door de olijfolie en bestrooi ze met zout en peper. Leg ze op een bakplaat en bak ze circa 20 minuten in de oven; keer ze af en toe zodat de repen gelijkmatig bruin en krokant worden. Haal ze uit de oven en stort ze op keukenpapier.

Klop de ingrediënten voor de dressing door elkaar en proef of er nog zout en peper bij moeten. Maak de biet aan met wat van de dressing plus zout en peper.

Maak de frisee aan met dressing en schik de sla op een serveerschaal. Snijd de eend schuin in plakken en schik die op de salade, met de biet, sinaasappelpartjes en radijs. Leg de krokante zoete aardappel erop.

VOOR VRIENDEN

ASPERGES, AARDAPPEL & KRAB

VOOR 4 PERSONEN
VOORBEREIDING: 15 MIN. • BEREIDING: 5 MIN.
TV · GV · ZV

250 g **asperges**, schoongemaakt
200 g **nieuwe aardappels**, gekookt
1 el **olijfolie**
250 g **witkrabvlees**
100 g **gemengde slabladeren**
zout en **versgemalen zwarte peper**

EIERVINAIGRETTE:
2 **eieren**
2 **sjalotjes**, gehakt
1 el gehakte **dragon**
1 el gehakte **bladpeterselie**
1 el gehakte **bieslook** en gehakte **kervel**
50 ml **koolzaadolie**
50 ml **lichte olijfolie**
citroensap, naar smaak

Deze manier om een dressing te maken kan haast niet mislukken. De emulsie schift niet als u de eieren enkele minuten kookt (zie de mayonaise op blz. 218).

Blancheer de asperges in enkele minuten gaar. Giet ze af en bestrooi ze met zout en peper. Snijd de aardappels in plakjes, wentel die door de olijfolie en strooi er zout en peper over.

Kook de eieren voor de dressing 3 minuten. Breek de vloeibare dooier snel in een keukenmachine (bewaar het gekookte eiwit), voeg de sjalot en kruiden toe en maal alles door elkaar. Schenk langzaam de koolzaad- en olijfolie erin om een emulsie te krijgen en voeg naar smaak zout, peper en citroensap toe. Hak het gekookte eiwit fijn en roer het door de dressing.

Schik de asperges op een serveerschaal met de aardappels, sla en krab en sprenkel er wat dressing over; geef de rest van de dressing erbij.

TIP
De dressing is ook lekker bij aangemaakte kreeft of gegrilde prei.

VOOR VRIENDEN

CLEMENTINES MET WALNOTEN

VOOR 4 PERSONEN
VOORBEREIDING: 15 MIN.
TV · GV · V

pitten van 1 **granaatappel**

2 **clementines**, gepeld en in stukjes gesneden

50 g **geroosterde walnoten** (zie blz. 214)

1 **avocado**, in plakjes

100 g **rucola**

bladeren van 1 stronkje **roodlof**

150 g **ricotta**

3 el **Midden-Oosterse dressing** (zie blz. 216)

zout en **versgemalen zwarte peper**

Deze salade zit boordevol verschillende smaken en texturen – u zult er gegarandeerd indruk mee maken. Dat is ook precies de reden waarom we dit recept in dit boek hebben opgenomen.

Doe alle ingrediënten voor de salade, behalve de ricotta, in een grote kom en strooi er flink wat zout en peper over. Klop de dressing en hussel de salade erdoor.

Schep de salade op een serveerschaal en verdeel er voor het serveren stukjes ricotta over.

TIP

Het helpt als u tijdens de bereiding 'Oh my darling, Clementine' zingt. Of vervang de clementines door mandarijnen en verzin zelf een liedje. Wij houden het bij de versie van Dolly Parton.

THAISE INKTVISSALADE

VOOR 4 PERSONEN
VOORBEREIDING: 20 MIN. • BEREIDING: 10 MIN.
TV • GV • ZV

1 el **tamarindepasta**
2 el **vissaus**
2 el **palmsuiker**
1 teentje **knoflook**, gekneusd
1 **rode chilipeper**, gehakt
600 g **pijlinktvis**
3 el **zonnebloemolie**
snuf **cayennepeper**
2 **eieren**
1 el **rijstazijn**
snuf **suiker**
2 **wortels**, in staafjes
½ **komkommer**, in staafjes
100 g **taugé**
bosje **lente-ui**, gehakt
bosje **bieslook**, geknipt
3 el gehakte **koriander**
70 g geroosterde **pinda's**, gehakt
2 **limoenen**, in vieren, voor erbij

De pijlinktvis verandert in noedels en vormt een uitstekende basis voor deze versie van een klassieke pad thai.

Maak de dressing door de eerste vijf ingrediënten te mengen tot de suiker is opgelost.

Snijd de inktvislijven open en dan in dunne reepjes of 'noedels'. Verhit de olie in een grote pan of wok en roerbak de inktvis in porties snel beetgaar. Breng op smaak met cayennepeper.

Schep de inktvis door de dressing en laat afkoelen.

Klop de eieren los met de azijn en een snuf suiker. Schenk het eimengsel in een pan, wals het erdoor en bak het tot het net is gestold. Laat de omelet uit de pan glijden en snijd hem in repen.

Meng in een grote kom alle overige groenten en kruiden. Spatel de inktvis en dressing erdoor, verdeel de pinda's en omeletrepen erover en serveer met de parten limoen.

TIP
Vervang voor een veggie versie de inktvis door reepjes rettich en de vissaus door extra tamarinde.

AND DE BIET GOES ON

VOOR 4 PERSONEN
VOORBEREIDING: 15 MIN.
TV · GV · V

300 g **rode bieten**, geschild
5 **wortels**, geschrapt
1 kleine **rettich**
6 **radijsjes**
100 g **waterkers**
2 **sinaasappels**, in partjes
70 g **feta**, verkruimeld
2 el gehakte **munt**
1 el gehakte **dille**

DRESSING:
100 g **pistachenoten**, gehakt
rasp en sap van 1 onbehandelde
   sinaasappel
1 **rode chilipeper**, gehakt
1 teentje **knoflook**, gekneusd
2 el **gemarineerde rode uien** (zie blz. 218)
3 el **olijfolie**
1 tl **balsamicoazijn**
zout en **versgemalen zwarte peper**

Als u de groenten dun snijdt, kunnen ze de frisse, pittige dressing helemaal opnemen. Uw smaakpapillen gaan ervan jubelen.

Bereid alle groenten voor door ze te schaven of in dunne plakjes te snijden. De wortels en rettich kunt u schaven met een dunschiller. Met de bieten kan dat ook, al gaat snijden gemakkelijker. De radijsjes kunt u overdwars in dunne plakjes snijden.

Meng alle ingrediënten voor de dressing en hussel de groenten erdoor. Voeg flink wat zout en peper toe.

Leg de waterkers op een serveerschaal en schik de groenten erop. Eindig met de sinaasappelpartjes, feta en kruiden.

> \\\\ TIP ////
> De dressing is ook lekker bij geroosterde bieten en wortels of pompoen.

VOOR VRIENDEN

CEVICHE MET KOKOS

VOOR 4 PERSONEN
VOORBEREIDING: 30 MIN. (plus marineren)
TV · GV

- 500 g **tongschar** zonder vel
- 1 **rode ui**, in zeer dunne ringen
- ½ tl **zout**
- 1 dl **kokosazijn** (verkrijgbaar bij de toko)
- ½ **rode paprika**, in kleine blokjes
- ½ **gele paprika**, in kleine blokjes
- 4 **lente-uien**, in ringetjes
- ¼ **komkommer**, geschild en in kleine blokjes
- 1 **rode chilipeper**, fijngehakt
- 50 g **santen**
- 1,2 dl **hete melk** of **kokoswater**
- ½ teentje **knoflook**, gekneusd
- 1 tl geraspte **gemberwortel**
- snuf **cayennepeper**
- ¼ tl **gemalen kurkuma**
- 100 g **waterkers**
- 1 **rijpe mango**, in blokjes
- **korianderblaadjes**, voor erbij

Kokosazijn wordt op de Filipijnen traditioneel gebruikt om vis te 'koken'. Hoewel er geen hitte aan te pas komt, heeft het zuur in de azijn hetzelfde effect. U kunt de kokosazijn zo nodig vervangen door citroen- of limoensap.

Verwijder eventuele graten uit de vis en snijd hem in stukken van 1 cm. Doe ze in een niet-metalen kom met de ui, het zout en de azijn. Schep om en zet afgedekt circa 30 minuten in de koelkast. Als u citroen- of limoensap gebruikt in plaats van kokosazijn, is 15 minuten genoeg.

Meng, terwijl de vis in de koelkast staat, de paprika, lente-ui, komkommer en chilipeper in een kom. Is de vis 'gekookt', giet hem dan af en hussel hem door de groenteblokjes.

Rasp de santen en meng die met de melk of het kokoswater, de knoflook, gember, cayennepeper en kurkuma. Laat afkoelen.

Schik voor het serveren de waterkers en wat van de mango op een serveerschaal. Schep de vis en groenteblokjes erop, sprenkel de dressing erover en bestrooi de salade met de rest van de mango en de korianderblaadjes.

TIP
U kunt de tongschar vervangen door elke andere witvis.

KISIR MET AUBERGINE

VOOR 4 PERSONEN
VOORBEREIDING: 20 MIN. • BEREIDING: 20 MIN.
V

250 **bulgur**
1 **rode ui**, gesnipperd
snuf **komijn**
1 el **rode-paprikapasta**
1 tl **tomatenpuree**
½ tl **zout**
2 el **olijfolie**
1 el **granaatappelsiroop**
2 el **citroensap**
4 **lente-uien**, gehakt
4 **tomaten**, ontveld en gehakt
½ **komkommer**, geschild, ontdaan van zaad en gehakt
2 el gehakte **bladpeterselie**
1 **aubergine**, in plakken
100 g **waterkers** (naar keuze)
zout en **versgemalen zwarte peper**

DRESSING:
2 dl **yoghurt**
2 el **tahin**
1 teentje **knoflook**, gekneusd
2 el **citroensap**
2 el gehakte **munt**

Dit is traditionele Turkse kost, meestal geserveerd als bijgerecht of als onderdeel van een mezze. Doet ons denken aan kissing. Altijd goed als je aan het koken bent voor vrienden.

Meng de bulgur met de ui, komijn, paprikapasta, tomatenpuree, het zout en 1 eetlepel olijfolie. Roer goed door elkaar. Schenk er dan 2 dl kokend water bij, roer eenmaal en dek af met plasticfolie. Laat 15 minuten staan en roer dan los met een vork. Roer de granaatappelsiroop, het citroensap en de gehakte groenten en peterselie erdoor. Laat afkoelen.

Verhit een grillpan. Wentel de plakken aubergine door de resterende olijfolie en gril ze in een minuut aan elke kant gaar. Bestrooi ze met zout en peper.

Maal voor de dressing de yoghurt, tahin, knoflook en het citroensap in de keukenmachine. Voeg naar smaak zout en peper toe gevolgd door de munt.

Maak op een serveerschaal een torentje van om en om telkens een plak aubergine, een lepel bulgur en een lepel dressing. Strooi de waterkers erover en besprenkel het geheel met meer dressing.

TIP
U kunt rode-paprikapasta ook zelf maken door geschilde geroosterde rode paprika's te malen met knoflook, chilipeper en olijfolie. Of gebruik 1 theelepel harissa in plaats van de paprikapasta.

MEXICAANSE SALADE

VOOR 4 PERSONEN
VOORBEREIDING: 20 MIN. • BEREIDING: 40 MIN.

3 kolven **suikermais**, met schutblad
1 **rode paprika**
1 **oranje paprika**
1 el **olijfolie**
200 g **bakchorizo**, in plakjes
2 **maistortilla's**
1 **avocado**, in stukken
100 g **kleine tomaten**, gehalveerd
150 g **jonge slabladeren**
korianderblaadjes, om te garneren

DRESSING:
2 tl **chipotlesaus**
3 el **olijfolie**
2 el **limoensap**
½ teentje **knoflook**, gekneusd
snuf **komijn**
1 el gehakte **koriander**

Deze salade is ideaal voor een barbecue met vrienden en familie. En voor elke andere gelegenheid.

Week de maiskolven met schutblad en al 10 minuten in water. Giet af en bak ze, nog steeds met het blad, circa 15 minuten op een hete barbecue of in de grillpan, tot de maiskorrels gaar zijn. Laat afkoelen en snijd de korrels dan in lange repen van de kolven.

Halveer de paprika's en verwijder zaad en zaadlijsten. Snijd de paprikahelften doormidden, haal ze door de helft van de olijfolie en rooster ze enkele minuten op de barbecue of in de grillpan. Snijd de paprika's in reepjes.

Verwarm de oven voor op 170 °C.

Bak de plakjes chorizo lichtbruin in de rest van de olijfolie in een koekenpan op halfhoog vuur. Snijd de tortilla's in repen en rooster ze 10 minuten in de oven, tot ze goudgeel en krokant zijn.

Klop alle ingrediënten voor de dressing door elkaar met zout en peper naar smaak.

Meng in een grote kom de mais met de chorizo, paprika, avocado en tomaat. Maak aan met de dressing en hussel alles dan op een grote serveerschaal door de slabladeren. Leg de tortillarepen op de salade en garneer met korianderblaadjes.

TIP
Samen met de tortillarepen kunt u geroosterd halloumikruim (zie blz. 215) over de salade strooien.

RODEKOOL MET SPEK & GEITENKAAS

VOOR 4 PERSONEN
VOORBEREIDING: 15 MIN. • BEREIDING: 25 MIN.
TV · GV

1 el **olijfolie**

100 g **gerookt spek**, in blokjes van 1-2 cm

2 **rode uien**, in ringen

2 el **balsamicoazijn**

2 tl **bruine suiker**

½ **rodekool**, in reepjes gescheurd

2 **appels**, ontdaan van klokhuis en in blokjes

50 g **geroosterde hazelnoten**, grof gehakt

2 el gehakte **bladpeterselie**

100 g **geitenkaas**, verkruimeld

zout en **versgemalen zwarte peper**

Dit is een salade voor de donkere dagen voor Kerstmis. Brandstof voor de feestdagen. Koud, warm of op kamertemperatuur, altijd even lekker!

Verhit de olijfolie in een grote koekenpan en bak de spekblokjes lichtbruin. Schep ze eruit met een schuimspaan en laat ze uitlekken op keukenpapier.

Doe de ui in de pan samen met de balsamicoazijn, suiker en een flinke snuf zout. Roerbak enkele minuten tot de ui zacht is. Voeg de kool toe en roerbak hem circa 10 minuten, tot hij slinkt.

Voeg zout en peper toe en bak het geheel nog 5 minuten. Neem de pan van het vuur en laat het gerecht afkoelen tot het lauw is. Voeg de rest van de ingrediënten toe, samen met het gerookte spek, en serveer.

TIP
U kunt de hazelnoten en geitenkaas vervangen door walnoten en feta.

LAMSVLEES MET SUGARSNAPS

VOOR 4 PERSONEN
VOORBEREIDING: 20 MIN. (plus marineren) • **BEREIDING: 10 MIN.**
TV • GV • ZV

2 **lamsboutsteaks** à 200 g
3 el **olijfolie**
2 el **citroensap**
½ tl **versgemalen zwarte peper**
100 g jonge **bladspinazie**
½ stronkje **roodlof**, in stukjes gescheurd
200 g **sugarsnaps**, in plakjes
150 g **verse tuinbonen**

SALSA VERDE:
1 teentje **knoflook**, gekneusd
1 el **kappertjes**, uitgeknepen
3 **ansjovisfilets**
blaadjes van een bos **bladpeterselie**
blaadjes van 2 takjes **munt**
1 el **dijonmosterd**
1 el **rodewijnazijn**
1 dl **olijfolie**, plus extra voor erbij
zout en **versgemalen zwarte peper**

Dit is een heerlijk recept om restjes gaar lamsvlees op te maken. Geweldig met sugarsnaps.

Snijd de lamsboutsteaks bij en marineer ze minstens 1 uur in de olijfolie, het citroensap en de zwarte peper.

Doe de bladspinazie en het roodlof in een grote kom. Blancheer de sugarsnaps en tuinbonen in kokend water tot ze gaar zijn, spoel ze af onder de koude kraan en laat ze goed uitlekken. Voeg naar smaak zout en peper toe en doe ze bij de bladspinazie en het roodlof.

Maak de salsa verde door de knoflook, kappertjes, ansjovisfilets, peterselie en munt te pureren in een keukenmachine. U kunt ze ook met de hand fijnhakken. Doe over in een kom en roer de mosterd en azijn erdoor. Voeg beetje bij beetje de olijfolie toe tot u een gladde pasta heeft. Breng die op smaak met zout en peper.

Verhit een grillpan. Gril de lamsboutsteaks 2 minuten aan elke kant, of langer als ze dik zijn. Laat ze 5 minuten rusten en snijd ze dan in stukken van 1-2 cm.

Maak de salade aan met wat olijfolie en schik hem op een serveerschaal. Bedek de stukken lamsvlees met de salsa verde en schep ze door de salade.

\\\ TIP ///
Snijd restjes lamsbout in dunne plakken en wentel die door wat van de salsa-verdedressing.

WASABISTEAK

VOOR 4 PERSONEN
VOORBEREIDING: 15 MIN. (plus marineren) • **BEREIDING: 5 MIN.**
ZV

2 el **mirin**
2 el **sojasaus**
1 tl **bruine suiker**
1 tl **sesamolie**
400 g **entrecote** of **lendenbiefstuk**, in plakken van 1-2 cm
1 el **koolzaadolie**
150 g **waterkers** of **erwtenscheuten**
200 g **asperges**, geschaafd
150 g **gekookte edamame**
bosje **lente-ui**, in reepjes
1 el **zwart sesamzaad**
1 el **sesamzaad**

DRESSING:
2 tl **wasabipasta**
1 el **sojasaus**
2 el **rijstazijn**
1 el **milde olijfolie**
1 tl **bruine suiker**

Een echt umamigerecht. Het prikkelt smaakpapillen waarvan u het bestaan niet kende.

Meng de mirin, sojasaus, bruine suiker en sesamolie tot een marinade. Doe die met het rundvlees in een afsluitbare plastic zak en laat het vlees 1 uur of een nacht marineren.

Klop de ingrediënten voor de dressing door elkaar.

Verhit de koolzaadolie in een grote pan of wok. Schep het vlees voorzichtig uit de marinade, leg het in de pan en roerbak het 1 minuut in de hete olie. Haal het eruit en laat het 5 minuten rusten.

Maak de waterkers, asperge en edamame aan met de dressing. Schik alles op een serveerschaal, schep het vlees erop en strooi de lente-ui en het sesamzaad erover.

TIP
De asperge-edamamesalade is ook lekker bij gewone gegrilde biefstuk, lamsvlees of kip.

VOOR VRIENDEN

KIP OP ITALIAANSE WIJZE

VOOR 4 PERSONEN
VOORBEREIDING: 15 MIN.
TV · GV

300 g gare **kippendijen**, in plakjes
125 g **rucola**
1 **bleekselderijhart**, in dunne plakjes
100 g **gekookte puylinzen**
100 g **coppa di parma**-plakjes, in stukjes gescheurd
50 g **grana padano**-schilfers
zout en **versgemalen zwarte peper**

DRESSING:
1 el **kappertjes**, geweekt in koud water, uitgelekt en gehakt
1 el **mostarda**, gehakt (verkrijgbaar bij de delicatessenwinkel)
1 el gescheurde **munt**
1 el **balsamicoazijn**
3 el **olijfolie**

Mostarda is een Italiaans zoetzuur. Kunt u het niet krijgen, dan kunt u elk gedroogd fruit gebruiken, bijvoorbeeld gedroogde peren.

Klop de ingrediënten voor de dressing door elkaar.

Hussel de gare kip, rucola, bleekselderij en linzen door elkaar en voeg zout en peper toe. Hussel dan de helft van de dressing erdoor.

Schik de salade op borden en verdeel de coppa di parma en grana padano erover. Sprenkel de rest van de dressing erover.

 **TIP**

ZO KOOKT U PUYLINZEN
• Spoel ze goed af in een vergiet en laat ze uitlekken.
• Zet ze in een pan onder 3 cm water (of bouillon).
• Voeg enkele teentjes knoflook toe en takjes kruiden zoals salie of rozemarijn.
• Laat de linzen in circa 20 minuten net gaar pruttelen.
• Giet af en voeg direct zout en peper toe. Hussel ze door olijfolie.

TIP
Bleekselderijharten zijn het tere binnenste van stengels bleekselderij, de eerste 5 cm vanaf de wortel.

CHINESE SUPERGEZONDE SALADE

VOOR 4 PERSONEN
VOORBEREIDING: 20 MIN. (plus wellen)
ZV · V · VE

- 25 g **arame** (zeewier, verkrijgbaar bij natuurvoedingswinkel en online)
- 150 g **rettich**, in stukjes
- 2 **wortels**, in stukjes
- ¼ **komkommer**, ontdaan van zaad en in dunne plakjes
- 100 g **shiitakes**, in dunne plakjes
- 1 bosje **lente-uien**, gehakt
- handvol **taugé**
- 2 el **geroosterd sesamzaad**
- **mosterdkers**, voor erbij

DRESSING:
- 1 el **sojasaus**
- 1 el **rijstazijn**
- 1 tl **bruine** of **palmsuiker**
- 1 tl **sesamolie**
- 1 tl geraspte **gemberwortel**
- 1 el gehakte **koriander**

Deze salade zit boordevol uitstekende voedingsstoffen. Zeewier en shiitakes bevatten zo veel vitamines en mineralen dat beide producten in Oost-Azië al duizenden jaren worden gebruikt als medicijn. Eet ze dus voor uw gezondheid!

Wel het zeewier 30 minuten in ruim water. Spoel het af met koud water en laat het uitlekken.

Klop de ingrediënten voor de dressing door elkaar en maak alle groenten schoon.

Meng de groenten in een grote kom en hussel ze door de dressing. Serveer ze bestrooid met het sesamzaad en de mosterkers.

U kunt ook ander zeewier gebruiken; vooral zeespaghetti is lekker.

VOOR VRIENDEN

VOOR FAMILIE

POMPOEN MET CHILIPEPER, HUMMUS & FETA

VOOR 4 PERSONEN
VOORBEREIDING: 15 MIN. • BEREIDING: 35 MIN.
TV • GV • V

1 flespompoen
3 el olijfolie
1 el komijnzaad, geroosterd en gemalen
2 rode chilipepers, in ringetjes
3 teentjes knoflook, in dunne plakjes
4 lente-uien, in plakjes
2 el citroensap
50 g rucola
100 g hummus
2 el Leons geroosterde zaden (zie blz. 215)
zout en versgemalen zwarte peper

DRESSING:
100 g feta
2 el rodewijnazijn
1 el gehakte munt
2 el olijfolie

Deze mediterrane smulsalade is ongelooflijk simpel om te maken en een genot om te eten, op elk uur van de dag.

Verwarm de oven voor op 180 °C.

Halveer de pompoen en schep de pitten eruit. Snijd elke helft in vier parten. Besprenkel ze met 1 eetlepel olijfolie en wrijf ze in met de komijn, zout en peper. Zet ze op een bakplaat 30 minuten in de oven; keer ze halverwege. Laat afkoelen.

Verhit de overige olijfolie in een koekenpan en bak de chilipeper, knoflook en lente-ui tot de knoflook net bruin begint te worden. Giet af door een zeef en bewaar de olie. Meng die met het citroensap en zet opzij.

Maak de fetadressing door de kaas te prakken met de azijn en munt. Roer de olijfolie erdoor en giet er circa 50 ml water bij tot de dressing de juiste consistentie heeft. Breng hem op smaak met zout en peper.

Schik de pompoenparten met de rucola op een serveerschaal. Roer de olie en citroen door de hummus en sprenkel dat over de salade. Strooi de gebakken chilipeper, knoflook en ui erover en besprenkel met de fetadressing. Eindig met Leons geroosterde zaden.

TIP
Zorg voor extra bite met geroosterde kikkererwten (zie blz. 215)

VOOR FAMILIE

VARKENSBUIK MET APPEL-WALNOOT-DRESSING

VOOR 4 PERSONEN
VOORBEREIDING: 30 MIN. • BEREIDING: 1 UUR EN 15 MIN.
TV • GV • ZV (alleen **GV** met glutenvrije bouillon)

400 g **varkensbuik**, in plakjes
2 dl **kippenbouillon**
1 el **zonnebloemolie**
1 el **gehakte rozemarijn**
2 **venkelknollen**, schoongemaakt
1 el **olijfolie**
200 g **gekookte sperziebonen**
2 **appels**, ontdaan van klokhuis en in blokjes
200 g **paarse spruitbroccoli**, schoongemaakt en gekookt
4 el **walnootdressing** (zie blz. 219)
50 g **rucola**
handvol **geroosterde walnoten**, om te garneren
zout en **versgemalen zwarte peper**

U kunt deze salade ook maken met in blokjes gesneden gebraden varkensbuik. Of gril plakjes gaar met een contactgrill; pas dan wel op voor het vet dat uit het vlees komt.

Een zondagse salade met gebraden vlees? Ja, hoor, dat kan best.

Laat de plakjes varkensbuik in circa 1 uur gaar pruttelen in de kippenbouillon. Zorg dat het vlees steeds onderstaat; vul de bouillon zo nodig aan met water. Schep het vlees eruit, laat het goed uitlekken en dep het droog met keukenpapier. Haal het vel eraf en snijd het vlees in stukken van 3-4 cm.

Verwarm de olie in een wok tot zeer heet. Leg de stukjes vlees erin, strooi er zout en peper over en roerbak tot het vlees krokant is. Roer het op het laatst nog even door, strooi de rozemarijn erover en schep het vlees met een schuimspaan uit de wok.

Snijd de venkel op een mandoline in dunne plakken en hussel die door de olijfolie. Verhit een grillpan en laat daarin de venkel in porties snel slinken. Haal ze eruit en bestrooi ze met zout en peper.

Meng in een grote kom de venkel met de sperziebonen, appel en paarse spruitbroccoli. Voeg de walnootdressing toe en meng hem erdoor.

Schik de rucola op een serveerschaal. Schep de aangemaakte groenten erop en verdeel de varkensbuik en walnoten erover.

FREGOLA & CHORIZO

VOOR 4 PERSONEN
VOORBEREIDING: 30 MIN. • BEREIDING: 20 MIN.

200 g **gekookte fregola**
400 g **spruitjes**, geroosterd en gehalveerd (zie blz. 190)
½ stronkje **roodlof**, in smalle reepjes gescheurd
2 el **gemarineerde rode uien**, (zie blz. 218)
1 blik **borlottibonen** van 400 g, uitgelekt
1 el **olijfolie**, plus extra om te besprenkelen
200 g **bakchorizo**, in kleine blokjes
1 el fijngehakte **rozemarijn**
2 teentjes **knoflook**, gekneusd
1 el **balsamicoazijn**
30 g **feta**
2 el **pijnboompitten**, geroosterd
2 el **bladpeterselie** of **kervelblaadjes**
zout en **versgemalen zwarte peper**

Fregola lijkt op Israëlische couscous, maar het is een pasta uit Sardinië. Het bittere roodlof en de pittige chorizo vormen een verrukkelijk paar.

Meng in een grote kom de fregola, spruitjes, het roodlof en de ui. Spoel de borlottibonen goed af, laat ze uitlekken en doe ze in de kom. Voeg flink wat zout en peper toe.

Verhit de olijfolie in een grote pan en bak de chorizo lichtbruin. Schep de blokjes worst er met een schuimspaan uit en doe ze in de kom.

Giet het meeste vet uit de pan, op 1 eetlepel na. Fruit daarin de rozemarijn en knoflook 1 minuut. Schenk de balsamicoazijn erbij en laat 1 minuut pruttelen. Neem van het vuur en laat het azijnmengsel afkoelen tot lauw. Schenk het in de kom en hussel alles door elkaar.

Schik de salade op een serveerschaal. Strooi de feta, pijnboompitten en peterselie erover en besprenkel met wat olijfolie.

GEGRILD LAMSVLEES MET GEITENKAAS

VOOR 4 PERSONEN
VOORBEREIDING: 20 MIN. • BEREIDING: 45 MIN.
TV • GV

- 200 g kleine **pruimtomaten**, gehalveerd
- 4 el **olijfolie**
- 1 teentje **knoflook**, gekneusd
- 2 el **oregano**
- 2 **lamsboutsteaks** à 200 g (gegrild zoals op blz. 163)
- 1 **aubergine**, in plakken
- snuf gemalen **komijn** en **koriander**
- 2 tl **balsamicoazijn**
- 50 g **rucola**
- 100 g **geitenkaas**
- 2 el gehakte **zwarte olijven**
- 1 el gehakte **munt**
- **zout** en **versgemalen zwarte peper**

Ideaal om van te genieten met het hele gezin. Iedereen zal het heerlijk vinden, inclusief de hond onder de tafel.

Verwarm de oven voor op 120 °C.

Schik de tomaten op een bakplaat met de velkant onder. Meng 3 eetlepels van de olijfolie met de gekneusde knoflook. Stamp de oregano in een vijzel en voeg de olie toe. Sprenkel hem over de tomaten en voeg zout en peper toe. Zet ze circa 45 minuten in de oven, haal de tomaten dan van de bakplaat en zet opzij. Schenk overtollige olie of sappen in een grote kom.

Laat het lamsvlees rusten en snijd het dan in zeer dunne plakken. Verhit een grillplaat tot zeer heet en bestrijk de plakken aubergine met de rest van de olie. Gril ze gaar in 1 minuut aan elke kant. Haal ze van de grill, bestrooi ze met de specerijen en sprenkel de azijn erover.

Hussel de aubergine door de tomaten en rucola en schik alles op een serveerschaal. Leg het lamsvlees erop en strooi tot slot de geitenkaas, olijven en munt erover.

TIP

U kunt ook restjes gebraden lamsvlees gebruiken. Het vlees kunt u ook bestrijken met salsa verde (zie blz. 163).

KIP PIRI PIRI

VOOR 4 PERSONEN
VOORBEREIDING: 40 MIN. (plus marineren) • **BEREIDING: 25 MIN.**
TV · GV

2-3 **kipfilets** of 4-6 **kippendijen**
1 kg **zoete aardappels**, geschild, in plakjes en dan in dikke staafjes
2 teentjes **knoflook**, fijngehakt
1 **rode chilipeper**, gehakt
4 **lente-uien**, gehakt
1 el **olijfolie**
sap van 1 **limoen**
70 g **jonge bladspinazie** of **boerenkool**
2 el gehakte **koriander**
1 el gehakte **munt**
½ **gele paprika**, in blokjes
3-4 el **ranchdressing** (zie blz. 216)
Leons geroosterde zaden (naar keuze, zie blz. 215)
zout en **versgemalen zwarte peper**

MARINADE:
1 teentje **knoflook**, gekneusd
1 el **citroensap**
1 el **rodewijnazijn**
1 el **olijfolie**
1 el **paprikapoeder**
snuf **cayennepeper**, naar smaak

U hoeft geen piripirisaus of specerijen te kopen. Deze versie is supersimpel en een heel nieuwe ervaring.

Meng de ingrediënten voor de marinade en wrijf de kip ermee in. Laat die circa 2 uur maar liefst een hele nacht marineren.

Verhit een grillpan tot hij zeer heet is. Haal de kip uit de marinade en gril hem 5 minuten, tot het vlees stevig aanvoelt. Keer en gril ook de andere kant 5 minuten, tot het vlees stevig aanvoelt. Laat de kip 10 minuten rusten.

Stoom ondertussen de zoete aardappel 15-20 minuten. Stort de groente in een kom. Fruit de knoflook, chilipeper en lente-ui 5 minuten in de olijfolie en schep dit mengsel dan door de zoete aardappel, met het limoensap en zout en peper naar smaak.

Schik de zoete aardappel op een serveerschaal met de spinazie of boerenkool. Snijd de kip in plakken en leg die erop. Strooi de kruiden en gele paprika erover en besprenkel de salade met de ranchdressing.

Bestrooi de salade desgewenst met Leons geroosterde zaden.

VOOR FAMILIE

GADO GADO

VOOR 4 PERSONEN
VOORBEREIDING: 30 MIN. • BEREIDING: 30 MIN.
ZV

Ook in deze salade kunt u elke combinatie van rauwe en gekookte groenten gebruiken naast de gebakken tofoe en de pindadressing. De naam betekent 'mengelmoes', en dat is het ook.

- 200 g **aardappels**, in plakjes van 0,5 cm dik
- 150 g **stevige tofoe**, in blokjes van 2 cm
- **rijstolie** (of andere geurloze olie), om te frituren
- 200 g **savooiekool**, gekookt
- 100 g **taugé**
- 2 **wortels**, in dunne staafjes
- 1 bosje **lente-uien**, overlangs in stukken gesneden
- ¼ **komkommer**, in plakjes
- 4 **gekookte eieren**, gehalveerd

DRESSING:
- 1 el **kokosolie**
- 2 **sjalotten**, gesnipperd
- 1 teentje **knoflook**, gekneusd
- 2 **rode chilipepers**, gehakt
- snuf **cayennepeper**
- 1 el **bruine basterdsuiker**
- 1 tl **tamarindepasta**
- 2 tl **ketjap manis**
- 2 dl **kokosmelk**
- 100 g geroosterde **pinda's**, fijngemalen
- 1 tl **vissaus**
- sap van ½ **limoen**

Verhit voor de dressing de kokosolie in een koekenpan en bak de sjalot, knoflook en chilipeper in 5 minuten zacht. Voeg de cayennepeper, suiker, tamarinde, ketjap en kokosmelk toe en breng aan de kook. Voeg de pinda's en 50 ml water toe en laat 5 minuten pruttelen. Voeg de vissaus en het limoensap toe. De saus moet de consistentie hebben van slagroom, dus kook hem zo nodig in.

Dep de aardappels en tofoe droog met keukenpapier. Verhit de olie tot circa 180 °C en frituur de aardappels en tofoe in porties goudgeel en krokant. Laat ze uitlekken op keukenpapier.

Schik de aardappels op een schaal. Hussel de rauwe en gekookte groenten met de helft van de dressing door elkaar. Leg de eieren en tofoe erop. Geef de extra dressing erbij.

\\\ **TIP** ///
Serveer dit gerecht met kroepoek.

HARISSAGARNALEN MET BULGUR

VOOR 4 PERSONEN
VOORBEREIDING: 20 MIN. • BEREIDING: 10 MIN. (plus weken)
ZV

200 g **bulgur**
400 g **rauwe grote garnalen**, gepeld
1 el **roze harissa**
4 el **olijfolie**
sap van ½ **citroen**
200 g **doperwten**, gekookt
200 g **sugarsnaps**, in plakjes en gekookt
2 el gehakte **dille**
2 el gehakte **munt**
50 g **waterkers**
50 g **erwtenscheuten**
handvol **rucola**
zout en **versgemalen zwarte peper**

Harissa geeft vis, vlees en groenten een ongeëvenaarde volle, pittige smaak. Een van onze favoriete smaakversterkers.

Strooi de bulgur in een pan. Giet er zo veel kokend water bij dat hij onderstaat. Voeg een flinke snuf zout toe. Laat het graan circa 30 minuten afgedekt staan en haal het dan los met een vork.

Bestrijk ondertussen de garnalen met de harissa en zout en peper. Verhit 1 eetlepel olijfolie in een grote koekenpan tot zeer heet en bak de helft van de garnalen 1 minuut, tot ze lichtbruin zijn en stevig aanvoelen. Schep ze er met een schuimspaan uit en herhaal met de andere helft.

Klop het citroensap en de rest van de olijfolie door elkaar en voeg zout en peper toe. Schep de doperwten en sugarsnaps door de bulgur en voeg de helft van de kruiden toe. Schenk de dressing erover en meng die door de salade.

Doe de salade over op een serveerschaal bekleed met de waterkers. Leg de garnalen erop en strooi de rest van de kruiden, de erwtenscheuten en rucola erover.

ZALM MET GEMBER & HONING

VOOR 4 PERSONEN
VOORBEREIDING: 30 MIN. • BEREIDING: 10 MIN.
TV • GV • ZV (alleen **TV** en **GV** met rijstnoedels; soba- (boekweit)noedels bevatten vaak tarwe)

- 4 **zalmfilets** à 100 g
- 1 el **sesamolie**
- 200 g **zwarterijstnoedels** (of **sobanoedels**)
- 50 g **spinazie**, gekookt en gehakt
- 50 g **zeevenkel**, geblancheerd
- ½ **komkommer**, in lange repen
- 4 **lente-uien**, gehakt
- 1 el **geroosterd sesamzaad**
- 1 el **zwart sesamzaad**
- **korianderblaadjes**
- **zout** en **versgemalen zwarte peper**

DRESSING:
- stukje **gemberwortel** van 2 cm, geraspt
- 1 teentje **knoflook**, gekneusd
- sap van 1 **limoen**
- 2 tl **vloeibare honing**
- 50 ml **zonnebloemolie**
- **zout** en **cayennepeper**

Een pittige salade die er prachtig en interessant uitziet.

Verhit een grote grillpan. Bestrijk de zalm met de sesamolie en strooi er zout en peper op. Gril de filets bijna gaar in circa 2 minuten per kant, afhankelijk van de dikte. Neem ze uit de pan en laat de vis rusten.

Maak de dressing door alle ingrediënten door elkaar te roeren tot een emulsie.

Kook de noedels 4-5 minuten in ruim kokend water met zout en giet ze goed af. Spoel ze met koud water en meng ze in een grote kom met de spinazie, zeevenkel, komkommer en dressing.

Serveer de zalm op de noedels en strooi de lente-ui, het sesamzaad en de korianderblaadjes erover.

TIP
Schil gemberwortel eens met een theelepel voor knobbelige stukjes.

VOOR FAMILIE

GROENE GROENTEN OP INDONESISCHE WIJZE

VOOR 4 PERSONEN
VOORBEREIDING: 20 MIN. • BEREIDING: 10 MIN.
TV • GV • ZV

- 100 g **boerenkool**, ontdaan van stelen en in stukken gescheurd
- ½ **Chinese kool**, in stukken gescheurd
- 150 g **sperziebonen**, afgehaald en in stukjes van 1 cm
- 100 g **spinazie**
- 100 g **taugé**
- ⅓ **komkommer**, geschild en in stukjes van 1 cm
- 1 tl *blachan* of **garnalenpasta**
- 1 teentje **knoflook**, gekneusd
- 2 **sjalotten**, fijngehakt
- 1 tl **bruine suiker**
- sap van ½ **limoen**
- 1 el **kokosolie**
- 2 **kaffir-limoenblaadjes**, gescheurd (naar keuze)
- 70 g **geraspt kokos**
- **zout** en **cayennepeper**

De hier gebruikte groenten zijn slechts een voorbeeld van wat u in deze salade kunt verwerken. Zo kunt u ook wortels, broccoli en bloemkool door de geurige dressing husselen.

Blancheer de boerenkool, Chinese kool, sperziebonen en spinazie apart (de kooktijd verschilt). Spoel ze af met koud water en knijp of pers al het overtollige vocht eruit. Meng ze in een grote kom met de taugé en komkommer.

Maal de volgende vijf ingrediënten tot een pasta, in een vijzel of keukenmachine. Verhit de kokosolie in een grote pan (waarin alle groenten passen) en bak de pasta 2 minuten maar laat hem niet bruin worden. Voeg de kaffir-limoenblaadjes en het kokos toe en roer goed. Schenk er 1,5 dl water bij en laat 5 minuten pruttelen.

Voeg de groenten toe en meng goed. Bak alles 1 minuut en stort het dan in een kom. Doe er zout en peper naar smaak bij en laat de salade afkoelen tot kamertemperatuur voor u hem serveert.

> **TIP**
> Vervang voor een veganistische versie de garnalenpasta door misopasta.

FREEKEHSALADE

VOOR 4 PERSONEN
VOORBEREIDING: 30 MIN. • BEREIDING: 20 MIN.

400 g **spruitjes**
200 g **aardperen**, geschild
1 tl **ahornsiroop**
1 el **olijfolie**
150 g **gekookte freekeh**
2 **rode appels**, ontdaan van klokhuis en in plakjes
100 g **medjooldadels**, in dunne plakjes
70 g hele **amandelen**, geroosterd en grof gehakt
zout en **versgemalen zwarte peper**

DRESSING
2 tl **dadelsiroop**
1 el **sherryazijn**
3 el **olijfolie**
1 **sjalot**, gesnipperd
1 tl **grove mosterd**

VOOR ERBIJ:
30 g **flinters parmezaan** (naar keuze)
bladpeterselie

Deze salade is echt iets voor dames die toe zijn aan een lunch. Exquis maar toch stevig.

Verwarm de oven voor op 180 °C.

Maak de spruiten schoon door lelijke buitenste blaadjes te verwijderen; snijd ze dan in vieren. Snijd de aardperen in stukjes van 1 cm dik. Meng ze met de spruiten, ahornsiroop en olijfolie. Strooi er zout en peper over en rooster ze in circa 20 minuten gaar in de oven. Neem ze eruit en laat afkoelen.

Klop alle ingrediënten voor de dressing door elkaar.

Meng de salade-ingrediënten met de dressing en schik ze op een serveerschaal. Bestrooi de salade met de parmezaan en bladpeterselie.

TIP — Maak de dressing eens met granaatappelsiroop in plaats van dadelsiroop.

VOOR FAMILIE

GEROOKTE KIP MET GEDROOGDE PEER

VOOR 4 PERSONEN
VOORBEREIDING: 30 MIN.
ZV

½ **rode paprika**, in lange repen
½ **gele paprika**, in lange repen
½ **rettich**, geschild en julienne gesneden
1 **wortel**, geschrapt en julienne gesneden
1 **kleine courgette**, julienne gesneden
2 **gerookte kipfilets**, in lange repen
½ **gedroogde peer**, in dunne reepjes

DRESSING:
1 el gehakte **dragon**
1 el gehakte **munt**
1 **sjalot**, fijngehakt
1 teentje **knoflook**, gekneusd
1 el **citroensap**
2 el **wittewijnazijn**
3 el **druivenpitolie**
zout en versgemalen zwarte **peper**

OM TE GARNEREN
muntblaadjes
handvol **gefrituurde pasta** (zie blz. 214)

Dit is gebaseerd op een recept uit een Texaans kookboek dat Jane in 1987 van haar vader kreeg. Als u geen gerookte kip kunt krijgen, kunt u beter niet-gerookte dan helemaal geen kip gebruiken.

Hussel de groenten, kip en peer door elkaar.

Klop de ingrediënten voor de dressing door elkaar en schenk die over de salade. Meng de salade en schep hem in een bergje op een serveerschaal. Verdeel er muntblaadjes en gefrituurde pasta over.

TIP
U kunt ook zoete-aardappelchips op deze salade serveren (zie blz. 214).

PERFECTE PICKNICK

VOOR 4 PERSONEN
VOORBEREIDING: 20 MIN.

150 g **gerookte-makreelpaté**
150 g **gerookte zalm**
100 g **dilleyoghurt** (zie Tip)
handvol **kappertjes**
200 g **geroosterde bieten** (zie blz. 144)
150 g **rucola**
8 sneetjes **knäckebröd** of **pitabroodjes**

LEONS KOOLSLA:
100 g **wittekool**
100 g **rodekool**
100 g **savooiekool**
½ el gehakte **munt**
½ el gehakte **bladpeterselie**
100 g **gekookte doperwten**
1 dl **sesam-sladressing** (zie blz. 219)

Neem deze salade mee naar het strand of naar het park. Hij lijkt op een gerecht dat we soms bij Leon serveren. Een eerbewijs aan de zomer.

Scheur voor de koolsla alle kool in reepjes en hak de kruiden grof. Doe alles in een grote kom, voeg de doperwten en dressing toe en meng goed.

Schik alle ingrediënten rond de kom aangemaakte sla in het midden. Houd de zalm, yoghurt en kappertjes bij elkaar.

TIP
Voeg voor de dilleyoghurt gehakte dille toe aan Griekse yoghurt. Roer er naar smaak citroensap en zout en peper door.

ASPERGES, MAFTOUL & SINAASAPPEL

VOOR 4 PERSONEN
VOORBEREIDING: 20 MIN. • BEREIDING: 5 MIN.
ZV • V • VE

- 2 bosjes **asperges**
- 2 el **olijfolie**
- 2 onbehandelde **sinaasappels**
- 1 tl **balsamicoazijn**
- 2 el **gemarineerde rode uien** (zie blz. 218)
- 150 g **gekookte maftoul**
- 1 **venkelknol**, geschaafd
- 10 grote **groene olijven**, ontpit en grof gehakt
- 2 el gehakte **dille**
- 4 **radijsjes**, in plakjes
- **zout** en **versgemalen zwarte peper**

Maftoul is Palestijnse couscous en een geweldig ingrediënt om kennis mee te maken. Kook het graan net als pasta of week het in kokend water, zoals couscous. Het is iets lastiger te krijgen dan andere granen, maar loont de moeite.

Breek de houtige uiteinden van de asperges. Wentel de asperges door wat olijfolie en gril ze in een hete grillpan of op een contactgrill (zie blz. 201). Strooi er flink wat zout en peper over, snijd ze in stukken van 3 cm en zet opzij.

Rasp de sinaasappelschil boven een kom. Verdeel de vruchten in partjes en knijp de rest van het vruchtvlees (het wit van de schil) boven de kom met de rasp uit. Klop de rest van de olijfolie en de azijn door het sinaasappelsap. Voeg zout en peper toe.

Meng de rode ui met de maftoul en venkel. Schep alles op een serveerschaal en leg de asperges erop. Bestrooi de salade met de olijven, dille, sinaasappelpartjes en radijs. Sprenkel de sinaasappeldressing erover.

VOOR FAMILIE

SALADE VAN AARDBEIEN, MELOEN & KIP MET VLIERBLOESEM

VOOR 4 PERSONEN
VOORBEREIDING: 30 MIN.
TV · GV

2-3 gare **kipfilets**
1 **kanteloep**
1 **avocado**
150 g **aardbeien**
2 stronkjes **little gem**
2 tl **roze peperkorrels**, gekneusd
1 el gehakt **bieslook**

DRESSING:
1 el goede **wittewijnazijn**
1 tl **vlierbloesemlikeur**
1 tl gehakte **dragon**
80 ml (5 el) **druivenpitolie**
50 ml **slankroom** of **slagroom**
zout en **versgemalen zwarte peper**

Vlierbessen worden vaak onderschat maar bieden ongekende mogelijkheden. Deze salade behoort tot onze favorieten; de vlierbloesemdressing zal een schok voor u zijn. In positieve zin dan.

Meng voor de dressing alle ingrediënten in een blender of met een staafmixer tot u een emulsie heeft.

Snijd de kip, meloen en avocado in blokjes en doe die in een kom. Snijd de aardbeien doormidden en doe ze erbij, maar bewaar een paar om te garneren. Schenk de dressing erover en breng op smaak met zout en peper.

Schik op een grote serveerschaal de slabladeren en schep het kipmengsel erop. Eindig met wat peperkorrels, bieslook en de bewaarde aardbeien.

TIP
Maakt u dit van tevoren, voeg dan citroen- of limoensap toe om bruin worden te voorkomen.

VOOR FAMILIE

GEGRILDE GROENE GROENTEN

VOOR 4 PERSONEN
VOORBEREIDING: 20 MIN. • BEREIDING: 5 MIN.
ZV • V • VE

- 400 g **broccoli**, in kleine roosjes (de stengel kunt u schillen en in staafjes snijden)
- 1 el **olijfolie**
- 200 g **sperziebonen**, afgehaald
- 200 g **snijbonen**, schoongemaakt en gesneden
- 200 g **doperwten**
- 1 **oranje paprika**, in dunne reepjes
- bosje **lente-uien**, gehakt
- 1-2 **rode chilipepers**, gehakt
- 1 teentje **knoflook**, gekneusd
- 2 el gehakte **koriander**
- blaadjes van 2 takjes **basilicum**, gescheurd
- 1 tl **sojasaus**
- sap van ½ **limoen**
- **zout** en **versgemalen zwarte peper**

Een contactgrill of grillplaat is geweldig om groenten op te bereiden. U kunt er heel snel broccoli mee grillen; de groente wordt licht geblakerd en krijgt een volle smaak. Bij gebrek aan zo'n apparaat kunt u de broccoli ook blancheren en dan hetzelfde resultaat verkrijgen in een hete grillpan. Ook sperzie- en snijbonen kunt u gaar roosteren op een contactgrill.

Hussel de broccoli door de olijfolie, strooi er zout en peper over en gril de groente in circa 3 minuten gaar. Blancheer de bonen en erwten tot ze gaar zijn en giet ze goed af.

Doe de groene groenten in een kom met de paprika. Meng de overige ingrediënten en voeg ze bij de nog warme groenten. Spatel alles door elkaar en breng op smaak met zout en peper en naar wens meer chilipeper of limoensap.

TIP
Hak voor een gladde knoflookpasta een teentje knoflook fijn, strooi er royaal zout over en kneus de knoflook met de platte kant van een mes.

DITALINI MET WORST

VOOR 4 PERSONEN
VOORBEREIDING: 20 MIN. • BEREIDING: 20 MIN.

300 g **gebakken worst**
200 g **gekookte ditalini**
4 **preien**
1 el **olijfolie**
3-4 el **Leons honing-mosterddressing**
 (zie blz. 218)
½ **bloemkool**, in roosjes en geroosterd
 (zie blz. 96)
1 **appel**, ontdaan van klokhuis en in dunne
 plakjes
zout en **versgemalen zwarte peper**

OM TE GARNEREN:
20 **saliebaadjes**, krokant gebakken in
 boter
bladpeterselieblaadjes

Ditalini, de naam van een pastasoort, betekent letterlijk 'vingerhoedjes'. Er past inderdaad een vinger in. Toch kunt u dit gerecht beter eten met een vork.

Snijd de worst schuin in plakjes van circa 1 cm dik. Doe ze in een kom met de gekookte pasta.

Snijd de preien overlangs doormidden en leg ze circa 2 minuten in kokend gezouten water tot ze beetgaar zijn. Giet goed af en hussel de groente door de olijfolie. Verhit een grillpan en gril de preihelften 1 minuut aan elke kant, tot ze licht geblakerd zijn. Snijd ze dan schuin in stukken van 1-2 cm en doe ze bij de pasta in de kom.

Maak de dressing en hussel de pasta met de worst en prei erdoor. Breng op smaak met zout en peper. Schik de salade op een serveerschaal met de geroosterde bloemkool, appel en saliebaadjes. Strooi er tot slot peterselieblad over.

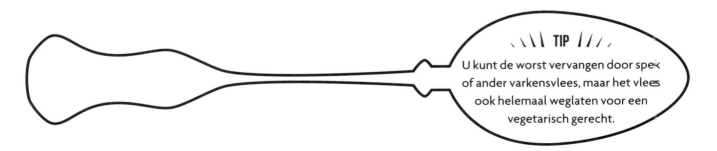

TIP
U kunt de worst vervangen door spek of ander varkensvlees, maar het vlees ook helemaal weglaten voor een vegetarisch gerecht.

SPEK & BONEN

VOOR 4 PERSONEN
VOORBEREIDING: 30 MIN. • BEREIDING: 10 MIN.
TV • GV

8 plakjes **ontbijtspek**
1 el **olijfolie**
2 el **rodewijnazijn**
1 tl **grove mosterd**
1 el gehakt **bieslook**, plus extra om te garneren
2 el **olijfolie**
1 tl **ahornsiroop**
200 g **sperziebonen**, afgehaald
200 g **sugarsnaps**, afgehaald en overlangs gehalveerd
250 g **witte** of **cannellinibonen**, gekookt
1 krop **romaine**
2 el geraspte **parmezaan**
zout

DRESSING:
2 el **mayonaise**
2 el **zure room**
1 el **citroensap**
2 tl fijngehakte **dragon**
1 tl **dijonmosterd**
zout en versgemalen zwarte **peper**

In dit gerecht gaat de knapperige romaine samen met een romige dijondressing en zorgt de bonensalade voor contrast. Spek is de kers op de taart (vooral als het geen nitriet bevat).

Maak de romige dressing door alle ingrediënten door elkaar te kloppen.

Snijd het spek in blokjes van 2 cm. Verhit de olijfolie in een grote pan en bak het spek lichtbruin en krokant. Schep het met een schuimspaan uit de pan en laat het uitlekken op keukenpapier.

Doe 1 eetlepel van het spekvet over in een kom en voeg de volgende vijf ingrediënten toe. Klop alles door elkaar.

Blancheer de bonen en sugarsnaps in kokend water met zout tot ze gaar zijn. Giet af en schep de nog warme groenten met de witte bonen door de spekvetdressing.

Snijd de romaine in vieren. Schik de bladeren op een serveerschaal en sprenkel de romige dressing erover. Bestrooi de salade met de parmezaan en het extra bieslook. Schep de aangemaakte bonen op de schaal en leg het spek erop.

PAELLASALADE

VOOR 4 PERSONEN
VOORBEREIDING: 30 MIN. (plus weken) • **BEREIDING: 20 MIN.**
TV • GV • ZV (controleer of de chorizo zuivel bevat)

snuf **saffraan**
250 g **langkorrelige rijst**
1 el **olijfolie**
1 **ui**, gesnipperd
1 tl **gerookte-paprikapoeder**
3,5 dl **glutenvrije kippenbouillon**
100 g **chorizo** (vleeswaar, geen bakchorizo), in dunne plakjes of stukjes
100 g **artisjokharten**, in plakjes
200 g **garnalen**, gekookt
150 g **doperwten**, gekookt
150 g **sperziebonen**, gekookt
100 g **piquillopepers** in reepjes
1 **sinaasappel**, in plakjes
2 el gehakte **bladpeterselie**
bladpeterselieblaadjes, om te garneren
zout en **versgemalen zwarte peper**

DRESSING:
1 tl **zoet paprikapoeder**
rasp van 1 onbehandelde **sinaasappel**
1 teentje **knoflook**, gekneusd
1 el **rodewijnazijn**
3 el **olijfolie**

Een vleugje Spanje op uw eettafel. Dit is een van de langste recepten in dit boekje, maar als de rijst eenmaal is gekookt, is het vooral een kwestie van samenstellen – beslist de moeite waard! De hier genoemde ingrediënten zijn maar suggesties; u kunt ze vervangen door gekookte inktvisringen, mosselen, vis of kikkererwten en diverse groenten.

Week de saffraan in 50 ml zeer heet water. Spoel de rijst af met koud water. Week hem vervolgens nog 30 minuten afgedekt in water. Giet dan goed af.

Verhit de olijfolie in een grote pan en fruit de ui 5 minuten. Voeg de uitgelekte rijst en het paprikapoeder toe en bak 1 minuut. Breng op smaak met zout en peper en roer de rijst door de olie. Voeg de geweekte saffraan en kippenbouillon toe en breng zachtjes aan de kook. Laat afgedekt circa 15 minuten pruttelen. Laat 5 minuten staan; roer de rijst dan los met een vork. Stort de rijst uit de pan en laat hem afkoelen.

Klop, terwijl de rijst pruttelt, de ingrediënten van de dressing door elkaar en voeg zout en peper toe. Bereid alle andere ingrediënten voor de paella voor.

Leg de ingrediënten in lagen op een grote serveerschaal en voeg al doende zout en peper toe. Verdeel de rijst over de schaal, leg de overige ingrediënten erop en eindig met de plakjes sinaasappel en peterselieblaadjes. Sprenkel de dressing erover.

TIP
Dit ziet er ook prachtig uit met gekookte zwarte rijst.

ASPERGES, PROSCIUTTO & EI

VOOR 4 PERSONEN
VOORBEREIDING: 20 MIN. • BEREIDING: 15 MIN.
TV • GV • ZV

300 g **asperges**, schoongemaakt
3 el **olijfolie**
blaadjes van een takje **tijm**
8 plakjes **prosciutto**
3 stronkjes **little gem**
2 tl **balsamicoazijn**
3 **hardgekookte eieren**
30 g **parmezaanchips** (zie blz. 215)
2 el gehakt **bieslook**
zout en versgemalen zwarte **peper**

Geschaafd ei en parmezaanchips: ongewoon lekker!

Verwarm de oven voor op 200 °C.

Wentel de asperges door 1 eetlepel olijfolie. Voeg flink wat zout en peper toe en leg ze op een bakplaat. Strooi er tijmblaadjes over en bak de asperges in 5-8 minuten beetgaar in de oven. Haal ze eruit en laat ze afkoelen.

Verdeel de plakjes prociutto over een met bakpapier beklede bakplaat en bak ze 5 minuten in de oven. Ze moeten krimpen en krokant worden.

Snijd de little gems in parten. Meng de balsamicoazijn en resterende olijfolie in een grote kom en voeg flink wat zout en peper toe. Verhit een grillpan en gril de slaparten tot ze licht geblakerd en geslonken zijn. Hussel ze door de dressing als ze nog warm zin.

Schik de sla op een grote serveerschaal. Leg de geroosterde asperges erop en verbrokkel de prosciutto erover. Rasp het ei boven de salade en eindig met de parmezaanchips en het bieslook.

KOSAMBARI

VOOR 4 PERSONEN
VOORBEREIDING: 15 MIN. (plus weken) • **BEREIDING: 5 MIN.**
TV • GV • ZV • V • VE

4 el **mungbonen**, een nacht geweekt in ruim water
3 **wortels**, geraspt
1 **komkommer**, geschild, ontdaan van zaad en in blokjes
1 **groene mango**, geraspt
1 el **kokosolie**
2 tl **mosterdzaad**
snuf **asafoetida** (duivelsdrek)
10 **kerrieblaadjes**
1 tl **komijn**
sap van ½ **citroen**
2 **groene chilipepers**, gehakt
korianderblaadjes
zout en **versgemalen zwarte peper**

Deze Zuid-Indiase peulvruchtensalade is een feestgerecht. Het is zo vertroostend dat het niet onderdoet voor een knuffel van oma.

Laat de mungbonen goed uitlekken in een zeef en bereid de groenten en mango voor.

Verhit de kokosolie in een grote pan en voeg het mosterdzaad, de asafoetida, kerrieblaadjes en komijn toe. Bak al roerend tot het mosterdzaad begint te springen. Voeg de mungbonen toe en roerbak 3 minuten. Stort alles in een grote kom en laat het afkoelen.

Doe de geraspte en gehakte groenten bij de mungbonen. Schep de overige ingrediënten erdoor plus zout en peper naar smaak.

TIP
Laat u niet afschrikken door de sterke geur van asafoetida. Uw gerecht wordt er echt door opgepept. U kunt ook geraspt kokos toevoegen aan deze salade.

TOMAAT & SPEK

VOOR 4 PERSONEN
VOORBEREIDING: 20 MIN. • BEREIDING: 45 MIN.

250 g **cherrytomaten**, gehalveerd
3 el **olijfolie**
1 teentje **knoflook**, gekneusd
2 el gehakte **oregano**
200 g **boerenkool**, stelen verwijderd, in reepjes gescheurd
200 g **gerookt spek**, gebakken en in plakjes gesneden
1 **avocado**, in kleine blokjes
150 g **croutons** (zie blz. 214)
3 el **ranchdressing** (zie blz. 216)
1 el gehakt **bieslook**
zout en **versgemalen zwarte peper**

Dit is Jane's versie van de klassieke combinatie spek, sla en tomaat.

Verwarm de oven voor op 120 °C.

Schik de tomaten op een bakplaat met de velkant onder. Meng de olijfolie met de gekneusde knoflook. Stamp de oregano in een vijzel en doe hem bij de olie. Sprenkel die over de tomaten en bestrooi ze met flink wat zout en peper. Bak ze circa 45 minuten in de oven, haal ze dan van de bakplaat en zet opzij. Schenk overtollige olie of sappen in een grote kom.

Doe de boerenkool in de kom met tomatenolie en hussel hem er goed door. Voeg flink wat zout en peper toe en dan het spek en de avocado, croutons en geroosterde tomaten.

Schep alles op een serveerschaal, besprenkel de salade met de ranchdressing en strooi het bieslook erover.

TIP
U kunt de verse oregano vervangen door een halve hoeveelheid gedroogde.

KROKANTE EXTRAATJES

Heerlijke extraatjes die elke simpele salade wat meer textuur, volume en pit geven.

ZUURDESEMCROUTONS

ZV • V • VE

Wentel kleine stukjes zuurdesem- of ander stevig brood door wat olijfolie. Bak ze op een bakplaat in circa 15 minuten goudbruin in een op 180 °C voorverwarmde oven. Lekker met olie die is gearomatiseerd met knoflook. Of leg voor het roosteren hele teentjes knoflook bij het brood zodat u de zachte knoflook kunt prakken tot een dressing.

IKAN BILIS

TV • GV • ZV

Deze gedroogde kleine ansjovisachtige visjes worden gebruikt in delen van Azië. U kunt ze krokant bakken in een droge pan of wat olie. Ze zijn heerlijk om over Aziatische salades te strooien en met geroosterde pinda's.

GEROOSTERDE NOTEN

TV • GV • ZV • V • VE

Noten die u gaat gebruiken in salades kunt u het best roosteren. Doe dat 5 minuten in een op 180 °C voorverwarmde oven. Dat verbetert de smaak, vooral als ze zijn bestrooid met zout en specerijen.

PANGRATTATA

ZV • V • VE

Dit is in feite gefrituurd broodkruim. U krijgt het beste resultaat als u het bakt in olijfolie gearomatiseerd met kruiden en knoflook. Oud brood zonder korst kunt u tot kruim malen in een keukenmachine. Bak een paar teentjes knoflook en een takje tijm in de olie tot de knoflook goudgeel is, schep alles met een schuimspaan uit de pan en gebruik de olie om het broodkruim krokant en goudbruin te frituren. Laat goed uitlekken en bestrooi met zout en peper. De resterende olie kunt u voor andere gerechten gebruiken.

GRIESMEELCROUTONS

ZV • V • VE

Wentel gekookt (of kant-en-klaar) griesmeel, in stukken van 1-2 cm gesneden, door wat olijfolie. Bak ze op een met bakpapier beklede bakplaat in 20-30 minuten bruin en krokant in een op 200 °C voorverwarmde oven. U kunt ze ook bakken in de koekenpan, maar bestuif ze dan eerst met wat bloem (of maizena).

GEFRITUURDE PASTA

ZV • V

Dit is een prima manier om restjes pasta of verse eierpasta te gebruiken, vooral vanwege hun interessante vormen en maten. Frituur of bak de pasta in koolzaad- of zonnebloemolie goudbruin en krokant en laat uitlekken op keukenpapier.

ZOETE-AARDAPPELCHIPS

TV • GV • ZV • V • VE

1 **zoete aardappel**, geschild
2 el **olijfolie**
zout en **versgemalen zwarte peper**

1. Verwarm de oven voor op 180 °C.
2. Snijd de zoete aardappel met een dunschiller of spiraalsnijder in lange repen. Haal ze door de olijfolie en bestrooi ze met zout en peper.
3. Leg de zoete-aardappelrepen op een bakplaat en bak ze circa 20 minuten in de oven; keer ze af en toe zodat ze gelijkmatig bruin en krokant worden.
4. Haal ze uit de oven, stort ze op keukenpapier en strooi er naar smaak zout en peper over.

LEONS GEROOSTERDE ZADEN

TV • GV • ZV • V • VE

50% **zonnebloempitten**
25% **gouden lijnzaad**
25% **sesamzaad**

1. Rooster elke soort zaad apart 2-3 minuten in een droge koekenpan op halfhoog vuur, tot ze goudgeel zijn.
2. Meng ze tot een heerlijke topping.

GEROOSTERDE KIKKERERWTEN

TV • GV • ZV • V • VE

2 blikken **kikkererwten** à 400 of 500 g **gekookte kikkererwten**
snuf **cayennepeper**
snuf **komijn**
2 el **olijfolie**
zout en **versgemalen zwarte peper**

1. Verwarm de oven voor op 200 °C.
2. Giet de kikkererwten goed af en spoel ze af onder de koude kraan. Dep ze droog met een theedoek of keukenpapier.
3. Doe de kikkererwten in een kom en hussel de specerijen en olijfolie erdoor. Leg ze op een met bakpapier beklede bakplaat en rooster ze circa 30 minuten in de oven; schud de plaat elke 10 minuten zodat ze gelijkmatig bruin worden.
4. Schakel de oven uit en laat ze er nog 10 minuten in staan.

PARMEZAANCHIPS

TV • GV

25 g grof geraspte **parmezaan**
25 g fijngeraspte **parmezaan**

1. Verwarm de oven voor op 200 °C.
2. Bekleed een bakplaat met bakpapier. Meng de twee soorten parmezaan en leg de kaas op de bakplaat in bergjes van 2-3 cm, op 4-5 cm van elkaar. Bak ze 5-6 minuten in de oven.
3. Haal ze met een paletmes van de plaat en leg ze op een rooster. Als ze uit elkaar vallen, strooit u ze gewoon op het bord.

GEROOSTERD HALLOUMIKRUIM

TV • GV • V

250 g **halloumi**
2 el **olijfolie**
flinke draai zwarte **peper**
snuf **zout**

1. Verwarm de oven voor op 200 °C.
2. Snijd de kaas in blokjes van 0,5 cm of in plakjes en verkruimel die. Haal ze door de olijfolie, verdeel ze over een met bakpapier beklede bakplaat en bestrooi ze met zout en peper.
3. Bak de halloumi in 6-8 minuten goudbruin in de oven.
4. Laat afkoelen.

KROKANTE EXTRAATJES

DRESSINGS

Tenzij anders vermeld kunt u alle dressings kloppen of schudden in een jampot.

ONZE FRANSE VINAIGRETTE

TV · GV · ZV · V · VE

1 **zoete aardappel**, geschild
1 **sjalot**, gesnipperd
1 tl **dijonmosterd**
1 el **wittewijnazijn**
½ teentje **knoflook**, gekneusd
2 tl **water**
3 el **olijfolie**
1 tl **ahornsiroop**

KRUIDENDRESSING

TV · GV · ZV · V · VE

1 teentje **knoflook**, gekneusd
1 el **wittewijnazijn**
1 tl **ahornsiroop**
3 el **olijfolie**
2 el gemengde gehakte **kruiden** (dragon, bieslook, kervel, basilicum)

MIDDEN-OOSTERSE DRESSING

TV · GV · ZV · V · VE

3 el **olijfolie**
1 el **granaatappelsiroop**
1 el **citroensap**
snuf **sumak**
1 el gehakte **dille** en **munt**

LEONS TAMARI-SESAMDRESSING

ZV · V (ook TV en GV als u glutenvrije tamari gebruikt)

3 el **zonnebloemolie**
1 el **rijstazijn**
1 tl **citroensap**
1 tl **honing**
1 el **tamari** (of **sojasaus**)
scheutje **sesamolie**
½ teentje **knoflook**, gekneusd
3 el **olijfolie**

RANCHDRESSING

TV · GV · V

1 el **mayonaise**
1 el **karnemelk**
1½ el **zure room** of **yoghurt**
1 el **ciderazijn**
1 tl **ahornsiroop**
1 el **olijfolie**
1 el gehakte **bieslook**, **peterselie** en **dille**
½ teentje **knoflook**, gekneusd
snuf **gerookte-paprikapoeder** (naar keuze)
snuf **mosterdpoeder** (naar keuze)
tabasco, naar smaak (naar keuze)

WASABI-SOJADRESSING

ZV · V · VE

2 tl **wasabipasta**
1 el **sojasaus**
2 el **rijstazijn**
1 el milde **olijfolie**
2 tl **bruine basterdsuiker**

BASILICUMDRESSING

TV · GV · ZV · V · VE

½ teentje **knoflook**, gekneusd
blaadjes van een klein bosje **basilicum**
2 el **olijfolie**
zout en versgemalen **zwarte peper**

Maal alles in een keukenmachine of stamp het in een vijzel.

KORIANDER-CHILIPEPER-LIMOENDRESSING

TV · GV · ZV · V · VE

3 el **olijfolie**
sap van ½ **limoen**
1 **rode chilipeper**, gehakt
1 teentje **knoflook**, gekneusd
2 el gehakte **koriander**

DRESSINGS

LEONS HONING EN MOSTERD

TV · GV · ZV · V

5 el **olijfolie**
2 el **ciderazijn**
2 tl **honing**
2 tl **grove mosterd**
1 tl **dijonmosterd**

GEMARINEERDE RODE UIEN

TV · GV · ZV · V · VE

2 **rode uien**, in dunne ringen of gehakt
2 tl **bruine basterdsuiker**
1 el **goede rodewijn-** of **balsamicoazijn**
flinke snuf **zout**

1. Meng de uien met de suiker en azijn en het zout.
2. Laat afgedekt 20 minuten tot een paar uur marineren bij kamertemperatuur.

CHILIPEPER-PETERSELIE-KNOFLOOK-DRESSING

TV · GV · ZV · V · VE

2 teentjes **knoflook**, gekneusd
2 **rode chilipepers**, gehakt
2 el gehakte **bladpeterselie**
sap van ½ **citroen**
3 el **olijfolie**
zout en **versgemalen zwarte peper**

BLAUWEKAASDRESSING

TV · GV · V

100 g **blauwe kaas**, verkruimeld
50 ml **zure room**
50 ml **karnemelk**
1 el **rodewijnazijn**
½ teentje **knoflook**, gekneusd
1 tl **ahornsiroop**

1. Klop de blauwe kaas door de zure room en de karnemelk. Voeg de overige ingrediënten toe plus zout en peper naar smaak.
2. Verdun de dressing met water tot de gewenste consistentie. Gebruik als dressing of dipsaus.

MAYONAISE

TV · GV · ZV · V

1 **ei**
1 tl **dijonmosterd**
1 dl **koolzaadolie**
1 dl **olijfolie**
citroensap, naar smaak

1. Leg het ei 2 minuten in kokend water.
2. Breek het ei direct in een keukenmachine en schraap al het gekookte eiwit uit de schaal. Klop met de mosterd en voeg langzaam beide soorten olie toe tot u een dikke emulsie heeft.
3. Voeg citroensap toe naar smaak.

KNOFLOOKMAYONAISE:
3 el **mayonaise**.
Kneus een teentje **knoflook** met wat **zout** tot een gladde pasta en roer die door 3 eetlepels **mayonaise**.

MOSTERDMAYONAISE:
Voeg van elk 1 theelepel **Engelse, grove** en **dijonmosterd** toe aan 3 eetlepels **mayonaise**.

CHERMOULAH

TV · GV · ZV · V · VE

2 tl **komijn**
1 tl **korianderzaad**
1 tl **venkelzaad**
sap van 1 **citroen**
1 el **rodewijnazijn**
1 teentje **knoflook**, gekneusd
snuf **kaneel**
2 tl **gerookte-paprikapoeder**
1 **sjalot**, fijngehakt
1 tl **bruine basterdsuiker**
1-2 **rode chilipepers**, gehakt
3 el **olijfolie**
zout en **versgemalen zwarte peper**

1. Rooster komijn, koriander- en venkelzaad in een droge koekenpan tot de geur vrijkomt en maal ze tot poeder.
2. Voeg de overige ingrediënten toe. Te gebruiken als marinade of dressing.

ITALIAANSE DRESSING

TV · GV · ZV · V · VE

1 el **balsamico-** of **rodewijnazijn**, of het sap van ½ **citroen**
3 el **olijfolie**

SESAM-KOOLSLADRESSING

TV · GV · ZV · V · VE

3½ el **sojamelk**
2 el **limoensap**
1 tl **dijonmosterd**
½ tl **tahinpasta**
2 el **wittewijnazijn**
1,25 dl **zonnebloemolie**
1½ el **water**
zout en **versgemalen zwarte peper**

1. Meng sojamelk, limoensap, dijonmosterd, tahinpasta en azijn in een kom door elkaar.
2. Klop langzaam de olie erdoor tot u een emulsie heeft. Roer het water erdoor plus zout en peper naar smaak.

WALNOOTDRESSING

TV · GV · ZV · V

1 teentje **knoflook**, gekneusd
1 tl **dijonmosterd**
1 tl **vloeibare honing**
2 el **ciderazijn**
50 ml **zonnebloem-** of **koolzaadolie**
1 el **walnootolie**
2 el gestampte geroosterde **stukjes walnoot**

CAESARDRESSING

TV · GV

1 **ei**
1 teentje **knoflook**, gekneusd
2 tl **dijonmosterd**
5 **ansjovisfilets**
scheutje **worcestersaus**
scheutje **tabasco**
1 dl **koolzaadolie**
1 dl **olijfolie**
1 el **wittewijnazijn**
2 el fijngeraspte **parmezaan**
citroensap, naar smaak
zout en **versgemalen zwarte peper**

1. Leg het ei 2 minuten in kokend water.
2. Breek het ei direct in een keukenmachine en voeg de knoflook, mosterd, ansjovis en sauzen toe. Maal 30 seconden en schenk dan langzaam de koolzaad- en olijfolie erbij zodat er een emulsie ontstaat.
3. Roer de azijn, parmezaan en het citroensap erdoor en voeg flink wat zout en peper toe.

REGISTER

A

aardappels
  asperges, aardappel en krab 147
  cauchoise 79
  gado gado 182
  niçoise 10
  Poolse haring-aardapppelsalade 107
  Russische salade 30
acqua e sale 72
amandelen
  Marcella's rijstsalade 33
  spinazie, kikkererwten en amandelen 120
and de biet goes on 152
ansjovis: broccoli en zalm 139
appels
  pastinaaksalade 45
  varkensbuik met appel-walnootdressing 174
  waldorfsalade 25
artisjokken
  artisjokken en truffel 127
  artisjoksalade met zoute vis 136
  boordevol bonen 131
  freekehsalade 190
  tonnato met kip en artisjok 115
artisjoksalade met zoute vis 136
asperges
  asperges, aardappel en krab 147
  asperges, maftoul en sinaasappel 197
  asperges, prosciutto en ei 209
  wasabisteak 164
aubergines
  gegrild lamsvlees met geitenkaas 178
  kisir met aubergine 156
  parelcouscous 92
avocado's
  gebakken halloumi met avocado 69
  krab met rode grapefruit 57

B

  quinoa met Midden-Oosterse specerijen 66
basilicumdressing 216
biefstuk
  Belgische biefstuk 80
  wasabisteak 164
bieten 144
  and de biet goes on 152
  krokante eend 144
  meeneemmakreel 70
  perfecte picknick 194
  Poolse haring-aardapppelsalade 107
  rode biet, labneh en dukkah 123
  roze quinoa 84
  warmgerookte zalm 91
blauwe kaas
  blauwekaasdressing 218
  caesarsalade 34
  farrosalade met roodlof en vijgen 135
  wintergroenten met kaas 128
bleekselderij: waldorfsalade 25
bloemkool
  bloemcous 96
  geroosterd met saffraan 96
  spek-walnootdressing 96
boerenkool
  boerenkoolsalade met pinda's 104
  caesarsalade met boerenkool 105
  groene groenten op Indonesische wijze 189
  pittige tempé en boerenkool 95
  salade met gescheurde spruitjes 116
  tomaat en spek 213
bonen, gemengde: spek en bonen 205
borlottibonen: fregola en chorizo 177
bottarga: venkel, dragon & bottarga 38

C

broccoli
  broccoli en zalm 139
  de originele superfoodsalade 17
  gegrilde groene groenten 201
brood
  acqua e sale 72
  gebraden kip met fruit 143
  zuurdesemcroutons 214
bulgur
  harissagarnalen met bulgur 185
  kisir met aubergine 156
  tabbouleh 22

caesardressing 219
caesarsalade 34
cannellinibonen 50
  fagioli e tonno 50
cauchoise 79
ceviche met kokos 155
chermoulah 219
chilipepers
  chili-peterseliedressing 218
  pompoen met chilipeper, hummus & feta 173
Chinese supergezonde salade 168
chips 214, 215
chorizo
  clubklassieker met gegrilde kip en chorizo 40
  fregola en chorizo 177
  Mexicaanse salade 159
  paellasalade 206
clementines: clementines met walnoten 148
cobbsalade 37
courgettes
  courgetti met trapanesepesto en harde ricotta 58

parelcouscous 92
couscous
    gebekelde makreel 88
    parelcouscous 92
croutons 214

D
dadelyoghurt 87
dhal: kosambari 210
ditalini met worst 202
doperwten: zwarte rijst met doperwten 99
dressings
    appel-walnootdressing 174
    basilicumdressing 216
    blauwekaasdressing 218
    caesardressing 219
    chermoulah 219
    chilipeper-peterselie-knoflookdressing 218
    eiervinaigrette 147
    gemarineerde rode uien 218
    Italiaanse dressing 219
    kerrievinaigrette 99
    koriander-chilipeper-limoendressing 216
    kruidendressing 216
    Leons honing en mosterd 218
    Leons tamari-sesamdressing 216
    maisdressing 112
    mayonaise 218
    Midden-Oosterse dressing 216
    onze Franse vinaigrette 216
    ranchdressing 216
    saffraanvinaigrette 96
    sesam-koolsladressing 219
    soek-walnootdressing 96
    walnootdressing 219
    wasabi-sojadressing 216
druiven: gebraden kip met fruit 143
dukkah: rode biet, labneh en dukkah 123

E
edamame
    quinoa met erwten en bonen 46

quinoa met Midden-Oosterse specerijen 66
eend: krokante eend 144
eieren 10, 13
    eiervinaigrette 147
    groen, eieren en ham 65
    lyonnaise 13
    niçoise 10

F
fagioli e tonno 50
farro
    farrosalade 119
    farrosalade met roodlof en vijgen 135
    salpicon met zeevruchten 132
fattoush 18
feta
    and de biet goes on 152
    bloemcous 96
    de originele superfoodsalade 17
    Griekse salade 21
    pompoen met chilipeper, hummus & feta 173
    tomaat, feta en linzen 108
    watermeloen en feta 49
freekeh
    freekehsalade 190
    groene groenten op Indonesische wijze 189
    groentefreekeh met dadelyoghurt 87
    warmgerookte zalm 91
fregola en chorizo 177

G
gado gado 182
garnalen
    bruine garnalen en roze peperkorrels 61
    garnalencocktail 14
    harissagarnalen met bulgur 185
    Maleisische salade met ikan bilis 103
    paellasalade 206
    som tam 26
geitenkaas
    gegrild lamsvlees met geitenkaas 178

rodekool met spek en geitenkaas 160
granaatappel 135
grapefruit: krab met rode grapefruit 57
gremolata 119
Griekse salade 21
groen, eieren en ham 65
groenten
    gado gado 182
    gegrilde groene groenten 201
    gerookte kip met gedroogde peer 193
    groene groenten op Indonesische wijze 189
    groentefreekeh met dadelyoghurt 87
    Maleisische salade met ikan bilis 103
    salade van wintergroenten 140
    salpicon met zeevruchten 132

H
halloumi
    gebakken halloumi met avocado 69
    geroosterd halloumikruim 215
ham
    cauchoise 79
    groen, eieren en ham 65
    varkensschenkel en linzen 108
haring: Poolse haring-aardappelsalade 107
harissagarnalen met bulgur 185
honing-mosterddressing 218
hummus: pompoen met chilipeper, hummus en feta 173

I
ikan bilis 214

K
kikkererwten
    geroosterde kikkererwten 215
    Karens pompoensalade 100
    pittige tempé en boerenkool 95
    spinazie, kikkererwten en amandelen 120
kip
    caesarsalade met boerenkool 105
    clubklassieker met gegrilde kip en chorizo 40
    cobbsalade 37

gebraden kip met fruit 143
gerookte kip met gedroogde peer 193
kip met maisdressing 112
kip op Italiaanse wijze 167
kip piri piri 181
noedelsalade met kip en rijst 53
salade van aardbeien, meloen en kip met vlierbloesem 198
superpure kip-quinoasalade 111
tonnato met kip en artisjok 115
knoflookpasta 201
knolselderij
   groen, eieren en ham 65
   pastrami-saladwich 75
komkommer
   acqua e sale 72
   bruine garnalen en roze peperkorrels 61
kool
   groene groenten op Indonesische wijze 189
   meeneemmakreel 70
   pastrami-saladwich 75
   perfecte picknick 194
   rodekool met spek en geitenkaas 160
   spitskool, prosciutto en parmezaan 62
koolsla: Leons koolsla 194
koriander-chilipeper-limoendressing 216
kosambari 210
krab
   asperges, aardappel en krab 147
   krab met rode grapefruit 57
kruidendressing 216

L
labneh 140
   rode biet, labneh en dukkah 123
   salade van wintergroenten 140
lamsvlees
   gegrild lamsvlees met geitenkaas 178
   lamsvlees met sugarsnaps 163
linzen 167
   boordevol bonen 131
   Karens pompoensalade 100

kip op Italiaanse wijze 167
rode biet, labneh en dukkah 123
rode makreel 108
tomaat, feta en linzen 108
varkensschenkel en linzen 108
lyonnaise 13

M
maftoul: asperges, maftoul en sinaasappel 197
makreel
   gepekelde makreel 88
   meeneemmakreel 70
   rode makreel 108
Maleisische salade met ikan bilis 103
mango: ceviche met kokos 155
Marcella's rijstsalade 33
mayonaise 218
meloen (kanteloep)
   meloen met rucola 29
   salade van aardbeien, meloen en kip met vlierbloesem 198
   met saffraan geroosterde bloemkool 96
mozzarella
   perzik en prosciutto 38
   tomaat en basilicum 38
   venkel, dragon en bottarga 38

N
niçoise 10
noedels
   noedelsalade met kip en rijst 53
   zalm met gember en honing 186
noten, geroosterde 214

O
olijven
   Griekse salade 21
   watermeloen en feta 49

P
paddenstoelen
   artisjoksalade met zoute vis 136
   Belgische biefstuk 80
   Chinese supergezonde salade 168
paellasalade 206

pangrattata 214
papaja: som tam 26
paprika
   Griekse salade 21
   Mexicaanse salade 159
   rodepaprikapasta 156
parmezaan
   caesarsalade 34
   parmezaanchips 215
   spitskool, prosciutto en parmezaan 62
pasta
   ditalini met worst 202
   gefrituurde pasta 214
   orzosalade met pijlinktvis 76
pastinaaksalade 45
pastrami-saladwich 75
pecannoten: wintergroenten met kaas 128
peperkorrels, roze: bruine garnalen en roze peperkorrels 61
peren: gerookte kip met gedroogde peer 193
perzik en prosciutto 38
pesto: trapanesepesto 58
pijlinktvis
   orzosalade met pijlinktvis 76
   Thaise inktvissalade 151
pinda's
   boerenkoolsalade met pinda's 104
   som tam 26
   Thaise inktvissalade 151
piquillopepers 69
pitabrood: fattoush 18
pompoen
   Karens pompoensalade 100
   pompoen met chilipeper, hummus en feta 173
   wintergroenten met kaas 128
prosciutto
   asperges, prosciutto en ei 209
   meloen met rucola 29
   perzik en prosciutto 38
   spitskool, prosciutto en parmezaan 62

Q
quinoa 66
- clubklassieker met gegrilde kip en chorizo 40
- de originele superfoodsalade 17
- quinoa met erwten en bonen 46
- quinoa met Midden-Oosterse specerijen 66
- roze quinoa 84
- superpure kip-quinoasalade 111

R
radijsjes: fattoush 18
ricotta
- clementines met walnoten 148
- courgetti met trapanesepesto en harde ricotta 58

rijst
- Marcella's rijstsalade 33
- paellasalade 206
- zwarte rijst met doperwten

roze quinoa 84
rucola
- meloen met rucola 29
- orzosalade met pijlinktvis 76

Russische salade 30

S
salade van aardbeien, meloen en kip met vlierbloesem 198
salsa verde 163
sauzen: ansjovissaus 139
sesam-koolsladressing 219
sinaasappels: asperges, maftoul en sinaasappel 197
spek
- cobbsalade 37
- lyonnaise 13
- rodekool met spek en geitenkaas 160
- salade met gescheurde spruitjes 116
- spek en bonen 205
- spek-walnootdressing 96
- tomaat en spek 213

spinazie, kikkererwten en amandelen 120
spruitjes

freekehsalade 190
fregola en chorizo 177
salade met gescheurde spruitjes 116
sugarsnaps: lamsvlees met sugarsnaps 163
suikermais 54
- kip met maisdressing 112
- Mexicaanse salade 159
- tempé en geroosterde tortilla 54

T
tabbouleh 22
tamari-sesamdressing 216
taugé: groene groenten op Indonesische wijze 189
tempé
- pittige tempé en boerenkool 95
- tempé en geroosterde tortilla 54

tofoe: gado gado 182
tomaten
- acqua e sale 72
- Griekse salade 21
- tabbouleh 22
- tomaat en basilicum 38
- tomaat en spek 213
- tomaat, feta en linzen 108

tongschar: ceviche met kokos 155
tonijn
- fagioli e tonno 50
- niçoise 10
- tonnato met kip en artisjok 115

tortilla's: tempé en geroosterde tortilla 54
truffelolie: artisjokken en truffel 127
tuinbonen: boordevol bonen 131

U
uien: gemarineerde rode uien 218

V
varkensbuik met appel-walnootdressing 174
venkel, dragon en bottarga 38
vijgen: farrosalade met roodlof en vijgen 135

W
waldorfsalade 25
walnoten
- clementines met walnoten 148

pastinaaksalade 45
spek-walnootdressing 96
varkensbuik met appel-walnootdressing 174
waldorfsalade 25
walnootdressing 219
wasabi
- wasabi-sojadressing 216
- wasabisteak 164

watermeloen en feta 49
witlof: Belgische biefstuk 80
witte bonen: spek en bonen 205
wortels: Russische salade 30

Y
yoghurt: dadelyoghurt 87

Z
zaden, geroosterde 215
zalm
- broccoli en zalm 139
- perfecte picknick 194
- warmgerookte zalm 91
- zalm met gember en honing 186

zeevruchten: Salpicon met zeevruchten 132
zeewier: Chinese supergezonde salade 168
zoete aardappel
- kip piri piri 181
- krokante eend 144
- zoete-aardappelchips 214

zwarte bonen: tempé en geroosterde tortilla 54

AUTEURS

JANE BAXTER

Jane Baxter schreef samen met Henry Dimbleby *Leon Fast Vegetarian* en heeft een wekelijkse column in de culinaire bijlage van *The Guardian*. Ze was ook mede-auteur van *The Riverford Farm Cook Book*, dat werd bekroond als Best First Book bij de Guild of Food Writers' Awards. Jane heeft gewerkt bij de Carved Angel in Dartmouth en het River Cafe London, voor ze chef-kok werd bij de Field Kitchen, het restaurant voor Riverford Organic Vegetables. Ze houdt zich nu bezig met catering, geeft voedingsadviezen en presenteert culinaire evenementen op bijzondere locaties..

JOHN VINCENT

John Vincent, medeoprichter van Leon, schreef de bestseller *Leon Naturally Fast Food* met Henry Dimbleby en *Leon Family & Friends* met Kay Plunkett-Hogge. John schreef ook mee aan het Governent's School Food Plan, samen met Leons medeoprichter Henry Dimbleby; dit resulteerde erin dat voor het eerst koken en voeding werden opgenomen in het lesrooster en dat alle kinderen onder de 7 jaar gratis schoollunches kregen. John houdt van eten en van Jane.

VAN HET MAKEN VAN DIT BOEK WERDEN WE NET ZO BLIJ ALS VAN DE SALADES.

Het team van LEON was een groep debutanten die samen met ons een boek heeft gemaakt dat net zo fris is als het voedsel. In de geest van Leon kwamen ze met grote en kleine ideeën en hebben enorm veel werk verzet.

Wij danken Jo Ormiston, die steeds de visie voor ogen hield, optrad als artdirector, rekwisieten zocht en een prachtig boek ontwierp. Saskia Sidey, omdat ze briljant was en kalm (en geestig) een geheel van alles maakte – zonder dat iemand het besefte (en die diplomatiek Baxter een schop onder zijn kont gaf). Saskia en Jo hebben bewezen waarom ik zoveel vertrouwen heb in hun talent en onze samenwerking.

We danken Rachael Gough voor late correcties en aanvullingen; ze stond altijd klaar om te helpen en iedereen aan het lachen te maken. En Tom Davies omdat hij optrad als sous-chef en altijd alle zware rekwisieten tilde.

We hebben grote waardering voor de foto's van Tamin Jones, die gezorgd heeft dat elke salade duizend blije woorden spreekt. Het was een genot om met hem samen te werken.

Stephanie Howard stond Tamin bereidwillig bij en bracht een en al vrolijkheid.

Victoria Spicer en Liberty Greene Fennel voor hun hulp met de rekwisieten en het snijden.

Angela Dowden voor haar supersnelle en grondige voedingsanalyse.

Adam en Sophie Blaker omdat we hun huis mochten binnendringen en ze alle restjes accepteerden. En Nat voor het beste vreugdevuur ooit.

Katie, Eleanor en Natasha voor hun enorme gastvrijheid.

Marianne Sidey omdat ze ons haar keuken liet plunderen. En John Lewis omdat hij ons gerei gaf om sneller te kunnen snijden.

Jonathan Christie en Alison Starling van Octopus omdat ze alles oplosten, ons bemoedigden en ervoor zorgden dat het allemaal lukte.

Pauline Bache voor haar geweldige redactiewerk en omdat ze op de fiets theedoeken ging halen en altijd een extra avocado bij zich had.

En natuurlijk dank aan iedereen die elke dag bij Leon zijn best doet om mensen de mogelijkheid te geven goed te eten. We zijn gezegend dat we met jullie mogen werken.

Oorspronkelijke titel: Leon Happy Salads

Voor het eerst uitgegeven in Groot-Brittannië in 2016 door Conran Octopus Limited, een imprint van Octopus Publishing Group Ltd

Tekst © Leon Restaurants Ltd 2016

Ontwerp en lay-out © Conran Octopus Ltd 2016

Fotografie: Tamin Jones

Nederlandstalige uitgave:

© 2017 Veltman Uitgevers, Utrecht

Vertaling: Akkie de Jong / Vitataal

Productie en redactie: Vitataal, Feerwerd

Omslagontwerp: Ton Wienbelt, Den Haag

Opmaak: De ZrIJ, Maarssen

ISBN 978 90 483 1503 1

Alle rechten voorbehouden.

Deze uitgave is met de grootst mogelijke zorgvuldigheid samengesteld. Noch de maker noch de uitgever stelt zich aansprakelijk voor eventuele schade als gevolg van eventuele onjuistheden en/of onvolledigheden in deze uitgave.

Voor meer informatie: www.veltman-uitgevers.nl